# MA
# PARA EL
# CATOLICO
# DE HOY

## CON REFERENCIAS AL CATECISMO
## DE LA IGLESIA CATOLICA

PROLOGO DE
JOHN CARDINAL O'CONNOR

UNA PUBLICACION
PASTORAL REDENTORISTA

LIBROS
LIGUORI

One Liguori Drive ▼ Liguori, MO 63057-9999

Imprimi Potest:
James Shea, C.SS.R.
Provincial de la Provincia de San Luis
Los Redentoristas

Imprimátur:
+Edward J. O'Donnell, D.D.
Administrador de la Arquidiócesis de San Luis

ISBN 0-89243-673-5
Library of Congress Catalog Card Number: 94-75246
Propiedad literaria © 1994, editado 2001, Liguori Publications
Propiedad literaria © 1978, revisada y ampliada 1991
Impreso en los Estados Unidos

Para pedidos, llame al 1-800-325-9521
www.liguori.org
www.catholicbooksonline.com

Diseño de la portada por Myra Roth

# INDICE

## TERCERA SECCION: ORACIONES

# PROLOGO

La historia de Juan Bautista es contada maravillosamente en el primer capítulo del Evangelio de San Juan.

> Vino un nombre de parte de Dios: éste se llamaba Juan. Vino para dar testimonio; vino como testigo de la luz, para que, por él, todos creyeran. No era el la luz, pero venía como testigo de la luz. Porque la luz llegaba al mundo, la luz verdadera que ilumina a todo hombre (1,6-9).

Toda persona que es bautizada en la Iglesia católica tiene una gran responsabilidad, como el Bautista la tuvo: ser testigo de la Luz. De hecho, la Luz ha venido al mundo: ¡Cristo, el Hijo de Dios!

Nuestra tarea como testigos de Cristo es difícil en una época llena de tentaciones materiales para engrandecer nuestro orgullo. El mundo del espectáculo y los medios de publicidad tratan de persuadirnos en gran parte en creer que lo único que existe es nuestra vida terrenal, por lo que debemos gozar los placers de este mundo. El concepto del Cielo es objeto de burla, y la idea del pecado es considerada anticuada. El católico sabe que él o ella no es la Luz, y que la vida en esta tierra es sólo una peregrinación hacia la vida con Dios prometida a los que creen: a los que son testigos fieles de la Luz. No debemos darnos por vencidos, porque hemos recibido no menos de tres maneras importantes de seguir el llamado de Isaías adoptado por Juan Bautista: "Enderecen el camino del Señor" (1,23).

La primera es la oración. Nuestras oraciones pueden ser de varias clases: la oración de la Iglesia llamada del Oficio Divino, el rosario, las maravillosas oraciones a nuestra Santa Madre o las oraciones sencillas de reflexión en que tratamos de hacer lo que el Señor dijo: "Paren y reconozcan que soy Dios" (Salmo 46,11). Cualquiera que sea la oración, nuestras conversaciones con Dios nos acercan a la Luz, revelándolo muy personalmente a cada uno de nosotros. La oración nos hace reconocer que Cristo es la única Luz para el mundo.

El segundo don que se nos da es la gracia, la cual nos llega mediante los sacramentos de la Iglesia. La participación frecuente en los sacramentos, especialmente los sacramentos de la penitencia y la Eucaristía, nos trae la gracia de la Luz. Es esta gracia lo que nos da fuerza para ser testigos fieles de Cristo. Finalmente, tenemos las enseñanzas de la Iglesia. Estas enseñanzas eternas declaran la primacía de la Luz, que es el Alfa y la Omega. Los que son sus testigos son hechos a imagen suya.

Me da gusto presentar el *Manual Católico Esencial*. El *Manual* es una guía fácil de usar que trata de la oración, los sacramentos y las enseñanzas de la Iglesia. Indexado para corresponder con el nuevo *Catecismo de la Iglesia Católica*, el *Manual* es una herramienta muy útil para todo católico. Espero que los que lean el *Manual* se inspiren a leer el Catecismo. Las dos obras ayudarán a los católicos a que tomen su fe en serio, a que la comprendan y a que la practiquen con ganas cada día.

Que este *Manual* sea usado para ayudarnos a cumplir con nuestra tarea de ser como Juan Bautista, testigos de la Luz.

JOHN CARDINAL O'CONNOR (1920-2000)
ARZOBISPO DE NUEVA YORK

# MENSAJE

Este libro apareció por primera vez en 1978. En 1991, fue revisado y expandido, y hasta la fecha, más de 400.000 copias han sido enviadas a los hogares de creyentes. Esta edición del *Manual* aparece de nuevo no sólo como una presentación de las creencias, las prácticas y las oraciones católicas más fundamentales, sino también como una edición con un índice que concuerda con el nuevo *Catecismo de la Iglesia Católica: Librería Editrice Vaticana*. El Catecismo es la documentación oficial de las verdades que los católicos creen. Este libro no es un sumario del Catecismo sino una edición de consulta del *Manual*, diseñado para su información.

El equipo pastoral de Liguori Publications aprovecha la oportunidad de agradecer con todo su corazón al John Cardenal O'Connor, arzobispo de Nueva York, por haber contribuido con la Introducción para esta edición. Que mediante la intercesión de san Alfonso de Ligorio todos los que lean este libro se llenen de sabiduría, comprensión y amor.

ROBERT PAGLIARI, C.SS.R.
JEFE DE REDACCIÓN
DEPARTAMENTO DE LIBROS E
INFORMACIÓN ELECTRÓNICA

# INTRODUCCION

**CHARLENE ALTEMOSE, MSC**

La manera en que vivimos la vida, al igual que la manera en que practicamos nuestra fe, ha cambiado drásticamente en los últimos años. Los avances científicos y los del campo de la comunicación han revolucionado no sólo nuestras vidas, sino también nuestra manera de entender la vida espiritual. Cómo pensamos y cómo vivimos influye cómo nos relacionamos con Dios y cómo practicamos nuestra religión.

En 1962, el Papa Juan XXIII, dándose cuenta de que la Iglesia necesitaba desarrollar ministerios más significativos, convocó a los obispos del mundo y celebraron el Segundo Concilio Vaticano, o Vaticano II. Las reformas que esta asamblea famosa logró cambiaron radicalmente la manera en que los católicos entienden y practican hoy día la fe.

Si vamos a ser verdaderamente católicos tenemos que vivir de acuerdo al espíritu y la actitud que el Concilio Vaticano Segundo nos indicó. Sin embargo, debido a que la Iglesia católica tiene su comienzo en Cristo y en la comunidad cristiana primitiva, la Iglesia atesora sus tradiciones también. El poder integrar las enseñanzas del pasado con los cambios del presente es un reto para los católicos de hoy. Ya seamos católicos por herencia o por una decisión que hemos tomado en fe en un momento determinado de nuestra vida, somos llamados a vivir nuestro compromiso bautismal en todos los aspectos de nuestra vida. El tener raíces y mantenerlas vivas requiere que contemplemos el pasado, que vivamos el presente y miremos hacia el futuro.

El propósito de este manual es dar información acerca de las cosas esenciales del catolicismo y ayudar a todos los que quieren vivir las enseñanzas del Vaticano II.

***Primera Sección: Creencias.*** Lo que los católicos creen con respecto a Dios, la Trinidad, Jesús, la Iglesia, los sacramentos y otras enseñanzas comprenden el "depósito sagrado de la Palabra de Dios". Estas verdades expresan en términos humanos nuestro entendimiento de quien es Dios y lo que se nos ha revelado por medio de Jesús y la Iglesia.

En esta sección vamos a tratar sobre doctrinas católicas, no sólo porque son hechos verdaderos, sino porque también son realidades espirituales que están íntimamente relacionadas con una vida de fe concreta.

***Segunda Sección: Prácticas.*** A través de los años la Iglesia ha desarrollado los preceptos de la Iglesia, los cuales son reglas que cumplimos y que guían a los católicos a vivir de acuerdo a las enseñanzas de la Iglesia. La Segunda Sección también contiene aspectos prácticos de los sacramentos, los días de precepto y otras tradiciones católicas.

***Tercera Sección: Oraciones.*** Los católicos creen firmemente que la vida de fe incluye la comunicación personal con Dios. En la Tercera Sección presentamos las oraciones que son parte de la tradición católica.

***Cuarta Sección: Viviendo la fe de acuerdo al espíritu del Vaticano II.*** En esta edición ampliada del *Manual,* la Cuarta Sección ha sido añadida para dar los conocimientos y los cambios que nos dio el Vaticano II. Esta sección nos da conocimientos prácticos del catolicismo después del Vaticano II en cuanto a las Escrituras, la liturgia y los sacramentos, los ministerios en la Iglesia, compromisos de por vida, las responsabilidades sociales, la evangelización y el RICA y las actitudes que debemos tener hacia otras religiones.

Debido a que el Vaticano II nos da guías para la renovación, también incluimos un bosquejo de los dieciséis Documentos del Vaticano II, que el Papa Pablo VI llamó "el gran catecismo de nuestra época".

# CREENCIAS

## 1. Tú en Búsqueda, Dios en Búsqueda

### Tú: Un Ser Humano que Busca a Dios
[1, 1701-1715]

Desde que aprendiste a hablar, has hecho preguntas, lo cual revela algo básico acerca de ti: el hecho de que posees un *intelecto* interrogante.

Durante toda tu vida has deseado varias cosas, y constantemente formulas decisiones, diciendo sí a esto, no a aquello. Estas experiencias también revelan algo muy básico acerca de ti: el hecho de que tienes libre *albedrío,* el poder para desear y para escoger [1-3].

A medida que pasa el tiempo tu apariencia corpórea cambia, y tu visión de la vida cambia y se hace más profunda. Pero el tú básico —el "Yo" en ti— sigue siendo el mismo. La de tu ser constantemente ansía, buscando aquello para lo cual fuiste creado. A esa espiritual que busca se le ha llamado diversas cosas. Sus nombres comunes son *alma* o *espíritu* [27, 44-47].

Esa realidad última que buscas —que está presente en todo lo que ansías— también ha sido llamada de muchas formas. El nombre más común para esta realidad última es *Dios* [43]. Tal es tu vínculo con Dios que sin El no podrías vivir, moverte, existir. Tal es tu vínculo con Dios que si no sintieras su presencia de algún modo, tu vida no tendría sentido y cesarías en tu búsqueda [1701-1715, 1718].

## Dios: El Amante Divino que Te Encontró
[50-53, 142, 1719]

Mientras buscas a Dios, Dios te busca a ti. *La Constitución sobre la Divina Revelación* del Vaticano II lo expresa así: "Dios invisible habla a los hombres por la abundancia de su amor, como a amigos, y trata con ellos para invitarlos a unirse con él y recibirlos en su compañía" (*Revelación,* 2) [1719].

Como católico estás llamado a buscar y a encontrar a Cristo. Pero tú no comenzaste esta búsqueda por tu propia iniciativa. Fue por iniciativa de Dios. Todos los seguidores de Cristo estaban perdidos, pero fueron buscados y hallados. Dios te encontró, y te hizo suyo visiblemente por primera vez en el bautismo. Lo que él busca ahora es que tú lo busques a El. De un modo misterioso, toda tu vida con Dios es una búsqueda mutua y constante entre dos seres que se aman —Dios y tú— que ya se poseen mutuamente [50-53, 521].

# 2. Revelación, Fe, Doctrina y Duda
## Revelación y Fe
[50-64]

Dios te busca. Por eso ha querido "manifestarse y comunicarse a sí mismo y los eternos decretos de su voluntad acerca de la salvación de los hombres" (*Revelación,* 6). Al revelarse, Dios no ha comunicado mera información; se ha comunicado a *sí mismo.* [36-38, 51-53].

Tu respuesta personal a la autocomunicación de Dios y su voluntad se llama *fe.* "Por la fe el hombre se confía libre y totalmente a Dios tributando al 'Dios revelador, el homenaje pleno del entendimiento y la voluntad', y asintiendo voluntariamente a la revelación hecha por El" (*Revelación,* 5) [142, 143, 153-164, 1814-1816].

## Doctrina Católica
[84-100]

Las doctrinas básicas, o dogmas, de la Iglesia son la expresión verbal de lo que Dios nos ha revelado sobre nuestra relación con El. La característica principal de los dogmas de la Iglesia es que concuerdan con la Sagrada Escritura. Estas enseñanzas declaran el contenido inmutable de la revelación, traduciéndolo a los idiomas y modos de pensar de la gente en cada era y cada cultura. Un dogma es una declaración de la verdad, una formulación de algún aspecto de la fe. El propósito de cada dogma es el de hacer presente a Cristo desde un punto de vista particular. El dogma de la Iglesia es una interpretación fiel de la autocomunicación de Dios a la humanidad [88-100, 170-171].

## Fe y Duda

Las fórmulas dogmáticas de la Iglesia, sin embargo, no son lo mismo que la autorevelación de Dios; son el medio por el cual los católicos ponen su fe en Dios. Dios descubre y comunica el misterio de sí mismo por medio de las enseñanzas de la Iglesia. Las enseñanzas son como sacramentos por los cuales tú recibes a Dios. Por medio de las fórmulas doctrinales tú encuentras a Dios en tu acto personal de fe [88-90].

La vida de fe es muy personal y delicada, y en resumidas cuentas, un misterio. La fe es un don de Dios y sólo Dios sabe quién lo posee. Podemos presumir, sin embargo, que Dios es generoso con su don y no debemos presumir que alguien no lo tiene [153].

A una persona le puede faltar la fe por su propia culpa; somos libres aun para rechazar a Dios. Pero cuando alguien "duda" no debemos sacar una conclusión precipitadamente. Por ejemplo, hay gente que recuerda a su padre como alguien que castiga. Por tal razón se les hace difícil creer en Dios como Padre de bondad. Esto no quiere decir que no tienen fe. Simplemente es una falta de imágenes memoriales por las cuales podrían apreciar a Dios *como Padre*. Las imágenes mentales negativas pueden obstruir la autorevelación de Dios de un modo particular para alguna persona. Pero tales imágenes no pueden obstruir todos los modos en que la gente percibe y expresa el misterio de Dios. Dios, quien nos busca constantemente, nos busca hasta que lo hallamos [215].

Una persona que busca una visión más profunda de la realidad puede dudar a veces, aun de Dios mismo. Pero tales dudas no indican necesariamente una falta de fe. Pueden indicar todo lo contrario: un signo de fe en desarrollo. La fe es viva y dinámica. A través de la gracia busca penetrar el misterio de Dios. Si alguna doctrina de fe en particular no tiene sentido para alguna persona, esa persona debe seguir buscando. Saber lo que dice una doctrina es una cosa, obtener una revelación sobre su significado a través del don del entendimiento es otra. "Busca y hallarás". La persona que busca a través de la lectura, el diálogo, el discurrir, o la oración, eventualmente verá la luz. La persona que habla con Dios aun cuando Dios "no está" posee una fe viva [162].

# 3. Un Solo Dios, Tres Personas Divinas
[232-267]

La Iglesia católica enseña que el misterio impenetrable que llamamos Dios se ha revelado a sí mismo a la humanidad como Trinidad de personas: el Padre, el Hijo y el Espíritu Santo [238-248].

## Tres Personas, Un Solo Dios
[249-267]

El misterio de la Trinidad es la doctrina central de la fe católica. Sobre ella se basan todas las demás enseñanzas de la Iglesia. El Nuevo Testamento menciona con frecuencia al Padre, al Hijo y al Espíritu Santo. La lectura detallada de estos pasajes bíblicos nos conduce a la indudable conclusión de que cada una de estas personas posee cualidades que sólo Dios puede poseer. Pero si sólo hay un Dios, ¿cómo puede esto ser verdad [199-202]?

La Iglesia estudió este misterio cuidadosamente y, después de cuatro siglos de clarificación, decidió expresar la doctrina de este modo: En un solo Dios hay tres personas, el Padre, el Hijo y el Espíritu Santo, realmente distintas entre sí. Como dice el credo Atanasiano: "El Padre es Dios, el Hijo es Dios y el Espíritu Santo es Dios, sin embargo, no hay tres dioses, sino un solo Dios" [249-256].

## Creador, Salvador, Santificador
[257-260]

Todos los efectos de la acción de Dios sobre sus criaturas son producidos en común por las tres divinas personas. Pero ya que ciertos efectos de la acción divina en la creación nos recuerdan más a una divina persona que a otra, la Iglesia le atribuye efectos particulares a una u otra de las divinas personas. Por eso, hablamos del Padre como el Creador de todo lo que existe; del Hijo, el Verbo de Dios, nuestro Salvador o Redentor; y del Espíritu Santo —el amor de Dios derramado en nuestros corazones— como nuestro Santificador [234-237].

Creer que Dios es Padre es creer que tú eres hijo o hija; que Dios tu Padre te acepta y te ama; que Dios tu Padre te ha creado como un ser humano digno de amor [238-240].

Creer que Dios es el Verbo salvador es creer que tú le escuchas; que tu respuesta al Verbo de Dios es el ser receptivo a su Evangelio liberador, que te libera para poder escoger la unión con Dios y la hermandad con tu prójimo [2716, 2724].

Creer que Dios es Espíritu es creer que tú debes vivir una vida santa y sobrenatural en esta tierra, que es un compartir en la naturaleza de Dios: una vida que es el principio de la vida eterna [1691,1703,1704].

## 4. Dios, Padre de Jesús

[198-267]

El libro del Exodo presenta una de las revelaciones más profundas en la historia humana. Esta revelación es narrada en la llamada de Dios a Moisés a ser el líder de su pueblo. Hablando de una "zarza ardiente que no se consumía" Dios clamó: "¡Moisés, Moisés!" Entonces, Dios le pidió a Moisés que organizara a los israelitas y que persuadiera al Faraón para que le permitiera guiar a ese pueblo fuera de Egipto. Al oír el plan, Moisés se atemorizó. El diálogo dice así [204, 210, 211]:

Moisés contestó a Dios: "Si voy a los hijos de Israel y les digo que el Dios de sus padres me envía a ellos, si me preguntan: ¿Cuál es su nombre?, yo ¿qué les voy a responder?"

Dios dijo a Moisés: "YO SOY EL QUE SOY". "Así dirás al pueblo de Israel: YO-SOY me ha enviado a ustedes. Y también les dirás: YAVE, el Dios de sus padres, el Dios de Abraham, el Dios de Isaac y el Dios de Jacob, me ha enviado.

(Exodo 3,13-15)

En este diálogo (y en otros similares, lee Jueces 3,18 y Génesis 32,30) Dios no se asigna un "nombre". El Señor no quería imponerse un "manubrio" que le hiciera creer a la gente que podrían "maniobrar" a Dios. De hecho, Dios dice que él no es como ninguno de los dioses que la gente adora. El se esconde, para revelar la distancia infinita que hay entre él y todo lo que nosotros los seres humanos tratamos de saber y controlar [205-208].

Pero al decirle a Moisés que dijera: "YO SOY *me ha enviado a ustedes"*, Dios también reveló algo muy personal. El Dios que "es", más allá de la realidad que va y viene, no está desvinculado de nosotros y de nuestro mundo. Por el contrario, este Dios que "es" revela que está *contigo.* No revela lo que él es en *sí mismo,* pero sí revela quien él es *para ti.* En este momento clave presentado en el Exodo, Dios reveló que él es *tu* Dios, el "Dios de tus padres": el misterio impenetrable que está contigo por toda la eternidad, contigo más allá del poder de la muerte y el mal [214-221, 2810].

El Dios que se revela a sí mismo en el Antiguo Testamento tiene dos características principales. La primera y más importante es la revelación de que él está muy cerca de ti, que él es *tu* Dios. La segunda es que el Dios que libremente eligió esta relación contigo existe más allá del tiempo y el espacio. YO SOY no está atado a nada, pero une todo a sí mismo: "Yo soy el primero y el último; no hay otro Dios fuera de mí" (Isaías 44,6) [198, 212].

Siglos después de la revelación reflejada en el libro del Exodo y en el de Isaías, el Dios misterioso de la zarza ardiente reveló su Nombre, en Persona. El Verbo de Dios "se hizo carne y habitó entre nosotros" (Juan 1,14), quebrantando toda suposición y expectativa humana. En una revelación que ciega nuestra mente con su luz, Cristo le habló a YO SOY y le dijo: "Tú, Padre, estás *en mí,* y yo *en ti…*yo les he dado y daré a conocer tu nombre, *para que el amor con que tú me has amado esté en ellos, y yo en ellos"* (Juan 17,21.26) [260, 422-425, 820, 2750].

YO SOY revela su Nombre en su Hijo. La zarza ardiente te atrae hacia su luz. El Dios de Moisés, revelado en Jesús, es amor, es Padre y está *en ti* [211, 218-221, 587-591].

## 5. Jesucristo

[422-682]

### Jesús, Dios y Hombre

[464-469]

La segunda persona de la Santísima Trinidad se hizo hombre en Cristo Jesús. Su Madre era María de Nazaret, hija de Joaquín y Ana. José, el esposo de María, fue como un padre para Jesús. El verdadero y único Padre de Jesús es Dios; Jesús no tuvo padre humano [525, 526].

Concebido en el vientre de María por obra del Espíritu Santo, Jesús nació en Belén de Judá, probablemente entre los años del 6 al 4 a C [484, 487]. Murió en el Calvario (en las afueras del Antiguo Jerusalén) siendo aún joven, probablemente en los primeros años de su treintena [595-623].

El es una sola persona, pero posee tanto la naturaleza divina como la naturaleza humana. El es verdadero Dios y verdadero hombre. Por ser Dios, tiene todas las cualidades y atributos de Dios. Por ser humano, tiene cuerpo humano, alma humana, mente y voluntad humanas, imaginación y sentimientos humanos [464-478].

Su divinidad no interfiere con su humanidad ni vice versa. Murió realmente en el Calvario; experimentó la misma clase de muerte que sufren los humanos. Pero durante su muerte, en su muerte y después de su muerte, siguió siendo Dios [595-623].

Después de su muerte, Jesús "descendió a los muertos". La traducción anterior del Credo decía "descendió a los infiernos", que quiere decir lo mismo: el *Hades,* el bajo mundo, la región de los muertos, la condición de aquellos que han fallecido. Básicamente, "descendió a los muertos" significa que Jesús verdaderamente murió, y estuvo entre los muertos como su Salvador. El sábado de Gloria expresa litúrgicamente este aspecto del misterio de la salvación: la "muerte" o ausencia de Dios [631-637].

La oración de Cristo en su agonía —"Dios mío, Dios mío, ¿por qué me has abandonado?" (Marcos 15, 34)— se escucha en la vida de muchos cristianos. "Descendió a los muertos" expresa el grito agonizante de Cristo: la experiencia de agarrarse a su Padre en ese momento de angustia absoluta. También expresa lo que sienten muchos católicos a medida que Dios les ayuda a profundizar en su amor, y se dan cuenta que la vida es un infierno si perdemos la presencia de Dios [618].

Jesús resucitó de entre los muertos el domingo de Pascua. Vive hoy con su Padre y el Espíritu, y vive entre nosotros. Sigue siendo tanto Dios como hombre, y así será para siempre [638-658].

El vive. Y su paso de la muerte a la vida es el misterio de salvación que todos podemos compartir [655, 658].

## Cristo: Revelación y Sacramento de Dios
[65-67]

Por su predicación, y por su muerte y resurrección, Jesús es al mismo tiempo el revelador y la *revelación de Dios*. Lo que el Padre es se muestra en su Hijo, Jesús. Como revelación de Dios, Jesús es tanto el acercamiento de Dios a la humanidad como nuestro camino a Dios [73, 422-425].

Jesús es el signo máximo en el mundo de la salvación de Dios: el centro y el medio del encuentro de Dios contigo. Por eso le llamamos el *sacramento original*. La gracia que Dios te da es él mismo. Y por esta comunicación de sí mismo, tú recibes la autocomunicación total de Dios. Jesús es la presencia salvadora de Dios en el mundo [519, 520, 1113-1116].

## Cristo, el Centro de Tu Vida
[426-429]

Hoy Jesús llega a ti y ejerce su influencia activamente en tu vida de varias formas. Llega a ti por su Palabra: cuando escuchas la predicación de la Palabra de Dios, o cuando lees las Escrituras atenta y reverentemente [101-104]. También vive activamente en ti en los siete sacramentos, especialmente en la Eucaristía [1373]. También lo encuentras en los demás. Como vemos en la escena del juicio final en el Evangelio de San Mateo, "Entonces los justos le responderán: 'Señor, ¿cuándo te vimos hambriento, y te dimos de comer, o sediento, y te dimos de beber?' ...Y el Rey les dirá: 'En verdad les digo que cuando lo hicieron a uno de estos hermanos míos pequeños, a mí me lo hicieron'" (Mateo 25,37-40) [678, 1503, 1939, 2449].

La Iglesia católica cree que Jesús de Nazaret es el centro de nuestras vidas y nuestro destino. En el documento *La Iglesia en el Mundo Actual,* el Vaticano II afirma que Jesús es "la clave, el centro y el fin de toda la historia humana" (*La Iglesia en el Mundo Actual,* 10). Como san Pablo, la Iglesia cree que "en él todas las premesas de Dios han pasado a ser un sí" (2 Corintios 1,20) [65-73, 426, 429].

# 6. El Espíritu Santo

[683-747]

### El Espíritu que Habita en Nosotros

Existe un modo común por el cual Dios está presente en toda su creación. San Pablo se refiere a esta presencia abarcadora de Dios cuando cita al poeta griego que dijo: "En él vivimos, nos movemos y existimos" (Hechos 17,28) [28-300].

Pero hay otra presencia de Dios, totalmente personal, en aquellos que lo aman. Jesús la menciona en el Evangelio de San Juan cuando dice: "Si alguno me ama, guardará mi Palabra, y mi Padre le amará, y vendremos a él, y haremos nuestra morada en él" (Juan 14,23) [260].

Esta presencia especial de la Trinidad se atribuye al Espíritu Santo, pues como dice san Pablo: "El amor de Dios ha sido derramado en nuestros corazones por el Espíritu Santo que se nos dio" (Romanos 5,5). Esta presencia del Espíritu, el don de Amor de Dios en ti, se llama *morada divina* [733].

### Los Dones del Espíritu

[1830-1832]

El Espíritu no sólo está presente en ti de manera íntima, sino que también obra silenciosa y activamente para transformarte. Si respondes al Espíritu, sus dones se convierten en una experiencia real en tu vida.

Hay dos clases de dones del Espíritu. La primera tiene como propósito la santificación de la persona que los recibe. Son cualidades sobrenaturales permanentes que hacen posible, para quienes viven en gracia, el vivir en especial armonía con las inspiraciones que ofrece el Espíritu Santo. Estos son: sabiduría (que ayuda a valorizar las cosas del Cielo), entendimiento (que ayuda a captar las verdades religiosas), consejo (que ayuda a ver y a escoger correctamente el mejor modo de servir a Dios), fortaleza (que da fuerza para enfrentar los obstáculos a una fe viva), piedad (que da confianza en Dios y un deseo de servirle), ciencia (que ayuda a ver el sendero a seguir y los peligros para nuestra fe) y temor del Señor (que ayuda a reconocer la soberanía de Dios y el respeto que le debemos y a sus mandamientos) [180, 1831, 1845].

La segunda clase de dones del Espíritu se llaman *carismas*. Son favores extraordinarios dados especialmente para ayudar a los demás. En la primera carta a los Corintios 12,6-11, se mencionan nueve carismas. Son: el don de la palabra de sabiduría, la palabra de ciencia, la fe, carisma de curación, poder de milagros, profecía, discernimiento de espíritus, diversidad de lenguas y don de interpretarlas [688, 799-801, 809].

Otros pasajes en san Pablo (como 1 Corintios 12,28-31 y Romanos 12,6-8) mencionan otros carismas [736, 1508, 2004].

# 7. La Gracia y las Virtudes Teologales
[1996-2005, 1812-1829]

## La Gracia: La Vida de Dios en Ti
[1996-2005]

Probablemente conoces la diferencia entre la gracia habitual (el estado de gracia santificante) y la gracia actual (la ayuda divina para realizar obras). Estos son dos aspectos de la vida que vives cuando posees la gracia: El Espíritu de Dios que ha sido "derramado en nuestros corazones" (Romanos 5,5) [368, 733].

Básicamente, la gracia es la presencia del Espíritu vivo y dinámico de Dios en ti. Como resultado de esta presencia vives una vida interior nueva y abundante que te lleva a "compartir en la naturaleza divina" (2 Pedro 1,4), que te hace hijo de Dios, hermano de Cristo y coheredero con Jesús, "el primogénito de muchos hermanos" (Romanos, capítulo 8) [357].

Como resultado de la presencia del Espíritu vives y respondes a Dios de un modo totalmente nuevo. Vives una vida en gracia que es buena, que agrada a Dios. Bajo la influencia del Espíritu vives una vida de amor que edifica el Cuerpo de Cristo, que es la Iglesia. Al vivir en el Espíritu con el resto de la Iglesia, vives con los demás para crear un espíritu de amor y comunión donde quiera que estés [1721, 1810].

La gracia —la vida de Dios en ti— transforma el sentido y la dirección de tu vida [1722, 1810]. Por la gracia, declara san Pablo: "Para mí la vida es Cristo, y la muerte una ganancia" (Filipenses 1,21) [1010, 1698]. En resumidas cuentas, la gracia —el don gratuito de Dios para ti— es la vida eterna, una vida que ya ha comenzado. Ya, aun cuando todavía eres peregrino en la tierra, la gracia es "Cristo en ti, la esperanza de la gloria" (Colosenses 1,27) [772].

## Fe, Esperanza y Caridad
### [1812-1829]

Como ser humano eres capaz de creer, amar y confiar en los demás. A través de las virtudes teologales (fe, esperanza y caridad) la gracia de Dios opera en ti de manera que en todas tus relaciones se refleje que eres un hijo o una hija de Dios.

En estado de gracia posees *fe:* crees en Dios, dándole todo tu ser a la fuente de toda verdad y realidad en tu propio ser. Posees la *esperanza:* hallas tu significado y tu futuro en Dios, cuya promesa de vida eterna se cumple ahora ocultamente porque vives en gracia. Posees *caridad:* amas a Dios como el Todo personal de tu vida y a todas las personas como coherederas del destino que Dios depara a todos: la comunión eterna con él [2086-2094].

(Si la gente se separa de Dios por haber pecado seriamente, pierden la gracia y la virtud de la caridad. Pero esta pérdida no les quita su fe o esperanza a menos que hayan pecado directa y seriamente en contra de estas virtudes).

## Amor a Dios, a Sí Mismo, a los Demás
### [2083]

En esta vida, tu amor a Dios va unido al amor a los demás, y esas dos clases de amor van unidas al amor propio. No amas al Dios que no puedes ver, si no amas a tu prójimo, a quien puedes ver (1 Juan 4,20) [2840]. Y en virtud del mandamiento de Dios mismo, debes amar a tu prójimo *como a ti mismo* (Mateo 19,19;22,39) [2052]. En términos de la vida real, el cumplimiento del mandamiento divino de amar comienza por un amor a sí mismo. Para amar a Dios como él desea, debes respetarte, estimarte y aun amarte [2055].

El amor propio crece al darnos cuenta profunda y gradualmente de que *Dios verdaderamente te ama* con un amor sin límites. Eres amado y amoroso[2196].

Tu amor propio también crece cuando tratas de comprender más profundamente a los demás, escuchando, confiando en ellos, amándolos y dejándolos que te amen; perdonando y buscando el perdón personal; creciendo al extender tu círculo de compasión de modo que pueda abrazar a toda criatura viviente y a toda la naturaleza en su belleza [2842-2845].

En los escritos de san Juan en el Nuevo Testamento hay un principio básico que dice: "Amados, amémonos unos a otros, porque el amor es de Dios, y todo *el que ama* es nacido de Dios y *conoce a Dios. El que no ama no conoce a Dios,* porque Dios es amor" (1 Juan 4,7-8). El amor se aprende amando. Amando llegas a conocer a Dios [1, 214, 221, 773, 1828].

# 8. La Iglesia Católica
[748-870]

## La Iglesia: Fundada por Jesucristo
[763-766]

La vida total de Jesús, el Verbo hecho carne, es el fundamento de la Iglesia [514-521].

Jesús llamó a varios discípulos que se entregaron totalmente a El. Orando primero, Jesús entonces escogió a los Doce, su círculo predilecto. El se dio a conocer a los Doce personalmente y les habló de su futura pasión y muerte, instruyéndolos detalladamente sobre lo que significa ser su seguidor. Sólo los Doce celebraron la Ultima Cena con él [1340].

A los Doce se les llama *apóstoles*— es decir, emisarios cuya misión era ser los representantes personales de Jesús. A estos apóstoles les dio todo el poder de autoridad que había recibido del Padre. "En verdad les digo, lo que aten en la tierra será atado en el Cielo, lo que desaten en la tierra será desatado en el Cielo" (Mateo 18,18) [2, 75-77, 126].

La Ultima Cena fue la preparación máxima de Jesús para la Iglesia. En esa cena tomó pan y vino y dijo: "Tomen y coman, esto es mi Cuerpo; tomen y beban, ésta es mi Sangre". Con estas palabras él se entregó a *sí mismo*. Al recibirlo de este modo, los Doce entraron en una unión con él y entre ellos mismos, tan totalmente íntima, que nunca antes la habían logrado. En esa cena se convirtieron en *un solo cuerpo con Cristo*. La Iglesia primitiva entendió muy bien la profundidad de esa comunión, como nos muestra el primer documento sobre la Eucaristía en el Nuevo Testamento: "Porque aun siendo muchos, somos un solo pan y un solo cuerpo, pues todos participamos de un solo pan" (1 Corintios 10,17) [610, 1396].

En la Cena, Jesús también habló de la "nueva alianza". Dios iba a establecer una nueva relación con la humanidad, una alianza sellada con el sacrificio de la Sangre de Cristo. Esta nueva relación sería regida por una nueva ley: el mandamiento del amor [1339].

El primer relato sobre la Eucaristía, en la primera carta a los Corintios, revela lo que la Ultima Cena significaría para el futuro de la Iglesia. Jesús dice: "Hagan esto en memoria mía" (1 Corintios 11,24). Jesús previó que por mucho tiempo su presencia no sería visible para sus discípulos. El quería que la Iglesia repitiera esta Cena una y otra vez durante ese tiempo. En este memorial, él estaría íntimamente presente, el Señor resucitado dirigiendo a su pueblo hacia ese futuro cuando él haría todo nuevo, el día en que habría "un Cielo nuevo y una tierra nueva" (Apocalipsis 21,5) [1044, 1323, 1341-1344].

La Ultima Cena fue el último paso que Jesús dio antes de su muerte para preparar a los Doce. Esta celebración reveló que ellos, y sus sucesores por todos los siglos, habrían de desempeñar su misión de enseñar, santificar y gobernar.

De acuerdo a los Evangelios (Mateo 16,13-19; Lucas 22,31s; Juan 21,15-17), la responsabilidad dada a los apóstoles fue dada de modo especial a san Pedro. En el Evangelio de Mateo, Jesús dice: "Yo te digo que tú eres Pedro y sobre esta piedra edificaré mi Iglesia, y el poder de la muerte no prevalecerá contra ella" (16:18). Pedro será la piedra, el representante visible de Jesús, quien es el fundamento de la Iglesia. Pedro proveerá a la Iglesia de liderato inquebrantable contra "el poder de la muerte", contra las fuerzas que destruirían lo que Jesús había obtenido para su pueblo [552, 553, 567].

Cristo completó la fundación de la Iglesia al enviar al Espíritu Santo. El verdadero nacimiento de la Iglesia fue el día de Pentecostés. La venida del Espíritu Santo tomó lugar públicamente, tal como la crucifixión de Jesús fue a la vista de todos. Desde ese día la Iglesia ha mostrado ser una realidad divino-humana: una combinación de la obra del Espíritu y el esfuerzo de la gente, de manera humana, por cooperar con el don de su presencia y el Evangelio de Cristo [731, 732, 767, 768].

## La Iglesia como Cuerpo de Cristo
[787-796]

La imagen de la Iglesia como Cuerpo de Cristo se halla en los escritos de san Pablo en el Nuevo Testamento. En el capítulo 10 de la primera carta a los Corintios, Pablo dice que nuestra comunión con Cristo procede del cáliz de bendición que nos une en su sangre y del pan que partimos, que nos une en su Cuerpo. Porque el pan es uno, todos nosotros, aun siendo muchos, somos un solo cuerpo. El Cuerpo eucarístico de Cristo y de la Iglesia son, juntos, el Cuerpo (místico) de Cristo [805-807].

En el capítulo 12 de la primera carta a los Corintios (y en el capítulo 12 de Romanos) Pablo enfatiza el cuidado y dependencia mutua que gozamos como *miembros de un mismo cuerpo*. En la carta a los Efesios y a los Colosenses, el énfasis es en *Cristo como nuestra cabeza*. Dios nos dio a Cristo como cabeza de la Iglesia. Mediante Cristo, Dios descubre su plan, "el misterio escondido de antemano", de unir todas las cosas y reconciliarnos con El. Ya que este misterio se va descubriendo por medio de la Iglesia, Efesios llama a la Iglesia *el misterio de Cristo* [669, 770-776].

## La Iglesia como Sacramento de Cristo
[774-776, 780]

El Papa Pablo VI expresó la misma verdad en estas palabras: "La Iglesia es un misterio. Es una realidad llena de la presencia oculta de Dios" [751-757].

Cuando san Pablo y el Papa Pablo dicen que la Iglesia es un *misterio,* la palabra significa *sacramento.* Es un signo visible de la presencia invisible de Dios [774].

Cristo es sacramento de Dios, y así mismo la Iglesia es sacramento, signo visible de Cristo. Pero la Iglesia no es sacramento sólo para sus miembros. En la *Constitución sobre la Iglesia,* el Concilio Vaticano Segundo dice con claridad que: "La Iglesia es, en Cristo, como un sacramento o señal e instrumento de la íntima unión con Dios y de la unidad de todo el género humano" *(La Iglesia,* 1) [775, 1045].

En el plan de Dios para la humanidad, la Iglesia es el sacramento, el instrumento principal y visible por el cual el Espíritu logra alcanzar la unidad que nos aguarda a todos [776].

Este proceso de salvación, sin embargo, es una aventura divino-humana. Todos participamos en ella. Nuestra cooperación con el Espíritu consiste en convertirnos en una Iglesia que vea a Cristo tan claramente en los demás, que los demás puedan ver a Cristo en nosotros [779].

## El Pueblo Católico de Dios
[781-786]

Al hablar de la Iglesia, el Concilio Vaticano Segundo enfatiza la imagen del pueblo de Dios más que ninguna otra [804].

Estrictamente hablando, todo el mundo es parte del pueblo de Dios; en los capítulos 8 y 9 del Génesis, la Biblia nos muestra que Dios ha creado una alianza con toda la humanidad [762]. Pero el nombre del pueblo de Dios se aplica de un modo especial a los seguidores de Cristo en el Nuevo Testamento y aclara varios aspectos importantes de la comunidad católica [763-766].

Un hecho importante sobre los católicos es éste: tenemos conciencia de *ser un pueblo.* A pesar de que procedemos de los más variados grupos étnicos y nacionales, tenemos conciencia de pertenecer a la misma familia mundial [815].

Otro aspecto del pueblo católico es nuestro sentido de *la historia.* Nuestra familia se remonta a la cristiandad primitiva. No todos conocemos el panorama total de nuestra historia como Iglesia, pero casi todos conocemos la vida de los mártires y de los santos. Y dentro, muy dentro, nos identificamos con esta gente y su historia. Todas esas generaciones que nos precedieron son parte de nosotros [813-816, 834].

Nuestra conciencia de pueblo es profunda. Tal vez hay católicos separados o inactivos, pero buenos o malos, son católicos. Cuando quieren regresar, saben a dónde ir. Y cuando regresan, son bienvenidos. La Iglesia tiene sus imperfecciones; pero en su corazón, ella es la fuente inagotable del perdón y de la misericordia de Dios [827].

La comunidad católica no constituye la totalidad del pueblo de Dios, pero es ese grupo fuerte y evidente que sabe hacia dónde se dirige [834]. Como el pueblo del Antiguo Testamento que avanza hacia la tierra prometida, estamos conscientes de que "aquí no tenemos ciudad duradera, y por eso buscamos la ciudad que ha de venir"(Hebreos 13,14). Nuestra fe nos indica que nuestro futuro está en Dios y que nos necesitamos mutuamente para alcanzarlo. Esto es parte de nuestra fuerza, un aspecto de nuestro misterio [2796].

## La Iglesia Católica: Una Institución Unica
[811-870]

En el siglo dieciséis el Cardenal Roberto Belarmino escribió: "La única y verdadera Iglesia es la comunidad de los hombres unidos por la profesión común de la fe cristiana y congregados en la comunión de los mismos sacramentos, bajo el gobierno de pastores legítimos, especialmente el vicario de Cristo en la tierra, el Romano Pontífice".

Como definición de la Iglesia, la declaración de Belarmino está incompleta; habla de la Iglesia como institución visible y nada más. Una definición más completa indicaría, como lo ha hecho el Papa Pablo VI, que "La Iglesia es un misterio… la presencia oculta de Dios". Pero la definición de Belarmino enfatiza un punto importante: la Iglesia es una realidad social visible, que incluye el aspecto institucional. Desde el comienzo de su historia, el cristianismo ha tenido una estructura visible: designó líderes, prescribió formas litúrgicas y aceptó formulaciones de la fe. En términos de estos elementos, se ve que la Iglesia católica es una sociedad visible. Pero por ser también un misterio, la Iglesia es distinta a cualquier otro grupo organizado [771-779].

Como sociedad visible, la Iglesia católica es única en su clase. Otras comunidades cristianas poseen varios elementos básicos en común con ella, como son "un solo Señor, una sola fe, un solo bautismo, un solo Dios y Padre de todos" (Efesios 4,5). Pero como indica el Vaticano II, "Estos elementos, siendo dones que pertenecen propiamente a la Iglesia de Cristo, poseen un dinamismo interior dirigido a la unidad católica" (*La Iglesia,* 8) [771, 819, 827].

Más aun —y este es el punto decisivo sobre la singularidad de la Iglesia católica— el Vaticano II declara que "Esta Iglesia, establecida y organizada en este mundo como una sociedad, *subsiste en la Iglesia católica...*" (*La Iglesia,* 8). Esta enseñanza clave declara que la plenitud básica de la Iglesia, la fuente vital de la unidad cristiana total en el futuro, se halla singularmente en la Iglesia católica visible [816, 819, 870]

## Infalibilidad en la Iglesia
[889-892]

Cristo le encargó a su Iglesia la misión de proclamar su Buena Nueva (Mateo 28,19-20). También nos prometió su Espíritu, que nos "guía en la verdad" (Juan 16,13). Ese mandamiento y promesa garantizan que nosotros, la Iglesia, jamás nos apartaremos de la enseñanza de Cristo. La *infalibilidad* es la inhabilidad que tiene la Iglesia de errar sobre los puntos básicos de la enseñanza de Cristo [2035, 2051].

La responsabilidad del Papa es preservar y nutrir la Iglesia. Esto significa que tratamos de hacer realidad la oración de Cristo en la Ultima Cena, "que todos sean uno; como tú, Padre, estás en mí y yo en ti, para que ellos también sean uno en nosotros, y el mundo llegue a creer que tú me has enviado" (Juan 17,21) [820].

La enseñanza de la Iglesia tiene su aspecto sacramental; pretende ser instrumento y signo de unidad. Como el Papa tiene la responsabilidad de ser fuente sacramental de unidad, él desempeña un papel especial con respecto a la infalibilidad de la Iglesia [820, 936, 937].

La infalibilidad sacramental de la Iglesia se conserva por su instrumento clave de infalibilidad, el Papa. La infalibilidad que la Iglesia posee le pertenece al Papa de un modo especial. El Espíritu de la verdad garantiza que el Papa no puede llevar a la Iglesia al error cuando él declara que enseña algo infaliblemente como representante de Cristo y como cabeza visible de la Iglesia, en materias básicas de fe o moral. Este don del Espíritu se llama infalibilidad papal [891].

Al hablar de la infalibilidad de la Iglesia, del Papa y de los Obispos, dice el Vaticano II: "Esta infalibilidad con que el Divino Redentor quiso proveer a su Iglesia…es la misma infalibilidad de la cual el Romano Pontífice, Cabeza del Colegio episcopal, goza, en virtud de su cargo….La infalibilidad prometida a la Iglesia reside también en el Colegio de los Obispos cuando ejerce el supremo magisterio juntamente con el sucesor de Pedro" (*La Iglesia,* 25) [877, 935].

## 9. María, Madre de Jesús y de la Iglesia
### [484-5111, 963-975]

En su libro *María y Tu Vida Diaria,* Bernard Häring dice: "El Concilio Vaticano Segundo ha coronado la *Constitución Dogmática de la Iglesia* con un bello capítulo sobre María, el prototipo y modelo de la Iglesia. La Iglesia no podría llegar a entender plenamente su unión con Cristo y el servicio a su Evangelio si le faltara un profundo amor a María, Madre del Señor y Madre nuestra". Al discernir la naturaleza profunda y personal de nuestra salvación, el Vaticano II enfatizó la influencia de María en nuestras vidas [972].

Por ser Madre de Jesús, María es Madre de Dios. Como dice el Vaticano II: "Al anuncio del ángel, la Virgen María recibió el Verbo de Dios en su corazón y en su cuerpo, dándole Vida al mundo. En efecto, es reconocida como verdadera Madre de Dios y Madre del Redentor" (*La Iglesia,* 53) [484-507, 966].

Como Madre del Señor, María es una persona singular. Tal como su Hijo, fue concebida como ser humano (y vivió toda su vida) exenta de toda mancha de pecado original. Esto es su *Inmaculada Concepción* [490-493, 508].

Antes, durante y después del nacimiento de su Hijo Jesús, María preservó su virginidad con todo su ser [510-511]. Al final de su vida María fue asunta — esto es, elevada en cuerpo y alma — al Cielo. Esto es la *Asunción* [966].

Como Madre del Cristo cuya vida vivimos, María es también Madre de la Iglesia. Es miembro de la Iglesia, pero un miembro singular. El Vaticano II expresa su relación con nosotros llamándola "miembro sobresaliente y singularísimo de la Iglesia, su prototipo y modelo... a quien la Iglesia católica, enseñada por el Espíritu Santo, honra con filial afecto de piedad como a Madre amantísima" (*La Iglesia,* 53) [971].

Como una madre que espera hasta que sus hijos mayores regresen al hogar, María no cesa de influenciar el rumbo de nuestra vida. Dice el Vaticano II: "Concibió a Cristo, lo engendró, lo alimentó, lo presentó en el templo al Padre y padeció juntamente con su Hijo agonizante en la cruz.... Por tal motivo es nuestra madre en el orden de la gracia" (*La Iglesia,* 61) [484-507]. "Con su amor materno, se cuida de los hermanos de su Hijo que peregrinan rodeados de peligros y angustias hasta que sean llevados a su morada celestial" (*La Iglesia,* 62) [488, 968-970, 2674].

La madre que vió al Hijo de su propia carne morir por sus otros hijos, te prepara un hogar y espera por ti. En palabras del Vaticano II, ella es tu "signo de esperanza segura y de consuelo" (*La Iglesia,* 68).

La Iglesia también honra a los demás santos que ya están con el Señor en el Cielo. Son personas que sirvieron a Dios y a sus hermanos de un modo tan sobresaliente que han sido canonizadas. Es decir, la Iglesia ha declarado oficialmente que están en el Cielo y nos los presentan como modelos heroicos y nos anima a orar pidiéndoles que intercedan ante Dios por nosotros [956, 957, 962].

## 10. Escritura y Tradición

[80-83]

El Segundo Concilio Vaticano describe la Sagrada Tradición y la Sagrada Escritura como "un espejo en el que la Iglesia peregrina en la tierra contempla a Dios" (*Revelación,* 7) [97].

La palabra reveladora de Dios nos llega por la palabrar oral y escrita de los seres humanos. La Sagrada Escritura es la Palabra de Dios "en cuanto que se consigna por escrito, bajo la inspiración del Espíritu Santo" (*Revelación,* 9). La Sagrada Tradición es la transmisión de la Palabra de Dios por los sucesores de los apóstoles. Juntas, la Tradición y la Escritura "constituyen un solo depósito sagrado de la Palabra de Dios confiado a la Iglesia" (*Revelación,* 10) [95, 97].

## La Biblia: sus Libros y Su Mensaje
[101-141]

La Sagrada Escritura, es decir, la Biblia, es una colección de libros. De acuerdo al canon de la Escritura (la lista de libros que la Iglesia católica considera auténticos), la Biblia contiene 73 libros. Los 46 libros del Antiguo Testamento fueron escritos aproximadamente entre los años del 900 a. C. al 160 a. C.; es decir, antes del nacimiento de Cristo. Los 27 libros del Nuevo Testamento fueron escritos aproximadamente entre los años 50 d. C. al 140 d. C [120].

La colección del Antiguo Testamento se compone de libros históricos, didácticos (enseñanza) y proféticos (que enmarcan la palabra inspirada de los profetas, personas que se comunicaron con Dios de un modo especial y así fueron sus portavoces auténticos). Con varias excepciones, estos libros fueron escritos originalmente en hebreo [121].

En fin, los libros del Antiguo Testamento son una crónica de las experiencias del pueblo de Israel con Yavé, el "Dios de sus padres" (véase Exodo 3,13-15). En general, estos libros revelan la percepción israelita de la realidad personal de Yavé, el Dios único, que obra en la historia humana, guiándola de acuerdo a su plan y objetivo. Yavé es el mismo Dios a quien Jesús, siendo judío, llamó Padre [122, 123, 128-130, 140].

Los libros del Nuevo Testamento, originalmente escritos en griego, se componen de los Evangelios (la proclamación de la Buena Nueva) y las epístolas (cartas). El orden en que aparecen en la Biblia es el siguiente: primero los Evangelios de Mateo, Marcos, Lucas y Juan. A los primeros tres Evangelios se les llama *sinópticos* (del griego, *synoptikos,* "una sola perspectiva") porque narran casi la misma cosa de modo similar. El libro llamado Hechos de los Apóstoles, que sigue al Evangelio de San Juan, es una secuela del Evangelio de Lucas. Los Hechos de los Apóstoles escrito por Lucas continúa la narración de su Evangelio. El Evangelio de Juan (también se llama el Cuarto Evangelio) completa la imagen de Jesús que hallamos en los Evangelios sinópticos [125-127].

Luego vienen las epístolas de san Pablo —los documentos más antiguos del Nuevo Testamento— que Pablo escribió para responder a necesidades particulares en casos especiales que surgían en las comunidades cristianas locales.

Después de las cartas de san Pablo siguen las epístolas católicas. Se les llama católicas o universales, porque no responden a las necesidades particulares de las comunidades locales, sino a cuestiones de importancia para todas las comunidades cristianas.

El último libro del Nuevo Testamento es el libro del Apocalipsis, que contiene un mensaje de esperanza para los cristianos perseguidos, prometiéndoles el triunfo último de Cristo en la historia [120].

El tema básico del Nuevo Testamento es Jesucristo. Cada libro revela un aspecto distinto de su misterio. Los cuatro Evangelios narran las palabras y los hechos de Cristo conservados y transmitidos por las primeras generaciones de la Iglesia [139]. Narran la historia de la pasión y muerte y lo que la muerte significa a la luz de la resurrección. En cierto sentido, los Evangelios nacieron de la resurrección. Las enseñanzas y hechos de Jesús cobraron un profundo significado para los cristianos sólo *después* de la resurrección [638-658]. Los Evangelios reflejan la fe en Jesús resucitado y vivo entre nosotros que compartían los primeros cristianos [124-127].

Los escritos del Nuevo Testamento no nos dicen quién era Jesús, sino quien él *es*. No son meros documentos históricos, pues tienen el poder de transformar tu vida. En el "espejo" del Nuevo Testamento puedes hallar a Cristo. Si puedes aceptar lo que ves en ese espejo, el significado de Jesús en tu vida, también podrás hallarte a ti mismo [101-104, 124].

## La Tradición, el Vaticano II y los Padres
[74-83, 4-10, 1653-1658]

La Sagrada Tradición es la transmisión de la Palabra de Dios. Esta transmisión la realizan oficialmente los sucesores de los apóstoles, y de modo no oficial por quienes aman, enseñan y viven la fe del modo que la entiende la Iglesia [173].

Algunas ideas y costumbres nacen del proceso de la Tradición y se convierten en instrumentos de importancia en el proceso, a veces durante varios siglos. Pero un producto de la Tradición es esencial solamente si ese producto ha ayudado a transmitir la fe de modo invariable desde los primeros siglos de la Iglesia. Ejemplos de estos elementos básicos son la Biblia (como instrumento tangible que se usa para transmitir la fe), el Credo de los Apóstoles y las formas básicas de la liturgia de la Iglesia.

La Tradición desempeña un papel especial en la transmisión de la fe [74-83]. Un ejemplo son los documentos de los concilios ecuménicos. Un concilio ecuménico es una reunión oficial de todos los obispos del mundo unidos con el Papa, con el fin de tomar decisiones. Las enseñanzas de un concilio ecuménico —productos de la Tradición en su sentido estricto— desempeñan un papel decisivo en el proceso de la Tradición [884]. Los documentos del Concilio de Trento en el siglo dieciséis desempeñaron ese papel y también los documentos del Vaticano I que tuvo lugar en el siglo diecinueve [9].

Los documentos del Concilio Vaticano II desempeñan la misma función en la transmisión y en el proceso de nuestra era. Como dijo el Papa Pablo VI en un discurso en 1966, "Debemos dar gracias a Dios y tener confianza en el futuro de la Iglesia al pensar en el Concilio: será *el gran catecismo de nuestro tiempo*" [10].

El Vaticano II hizo lo que la Iglesia como maestra siempre ha hecho: Ha declarado el contenido inmutable de la revelación, traduciéndolo al lenguaje de la cultura actual. Pero esta traducción no es meramente noticias viejas disfrazadas en lenguaje moderno. Como dice el Vaticano II: "Esta tradición, que procede de los apóstoles, *progresa* en la Iglesia bajo la asistencia del Espíritu Santo. Indiscutiblemente la comprensión de las cosas y de las palabras transmitidas es mayor... A través de los siglos, la Iglesia *tiende constantemente a la plenitud* de la verdad divina hasta que en ella se cumplan las palabras de Dios" (*Revelación,* 8) [77-79, 98, 2650, 2651].

Por medio del Vaticano II la Iglesia ha escuchado al Espíritu y ha adoptado la misión de estudiar "los signos de los tiempos y de interpretarlos a la luz del Evangelio" (*La Iglesia en el Mundo Actual,* 4). No siempre queda claro hacia dónde nos lleva el Espíritu. Pero el terreno sobre el cual nosotros, la Iglesia, marchamos adelante es firme: el Evangelio de Cristo. Uno de los instrumentos básicos de la Tradición en esta etapa en la historia —en la transmisión de la fe— son los documentos del Vaticano II [767, 768, 810].

La Tradición es un proceso totalmente personal. La fe se transmite de *persona a persona*. Los papas y los obispos, sacerdotes y religiosos, los teólogos y los maestros transmiten la fe. Pero la gente más importante envuelta en ese proceso son los padres y sus hijos. Los niños chinos no tienen acento irlandés. Los niños de padres sin fe casi nunca desarrollan una fe viva y profunda. Con respecto a la Tradición, recordemos las palabras del famoso educador y sacerdote inglés, padre Drinkwater: "Tú educas hasta cierto punto… por lo que dices, más por lo que haces y aun más por lo que eres; pero más que nada por lo que amas" [4-10, 902, 1653-1658, 2204-2206].

# 11. El Pecado: Original y Personal

[396-409]

## El Pecado Original y Sus Efectos

"Creado por Dios en la justicia, el homre, sin embargo, por instigación del demonio, en el propio exordio de la historia, abusó de su libertad, levantándose contra Dios y pretendiendo alcanzar su propio fin al margen de Dios".

Los capítulos 1 al 11 del libro del Génesis relatan en forma narrativa la condición sombría de la humanidad. Los capítulos 1 y 2 de Génesis narran la creación realizada por Dios. Dios creó todas las cosas, incluso al hombre y la mujer, y vió que todo era bueno [279-324, 355-384].

Pero el pecado entró a este mundo bueno. Esto se menciona en el capítulo 3 del Génesis, cuando Adán rechaza a Dios y trata de hacerse igual a El. Como consecuencia de este pecado original el hombre se aleja de Dios. Se esconde. Cuando Dios lo confronta, Adán le echa la culpa a Eva y Eva le echa la culpa a la serpiente. La moral es simple y trágica: la culpa del hombre deforma todas sus relaciones. El pecado convierte la vida en una carga pesada [385, 397-401].

Los capítulos 4 al 11 del Génesis describen el crecimiento del pecado en el mundo desde el pecado original de Adán. Caín mata a su hermano Abel. El pecado llega a tal proporción que Dios envía un diluvio que inunda toda la tierra, un símbolo del caos y destrucción que el pecado efectuó en la creación. En el capítulo 11, la necedad humana llega a su punto máximo: el hombre trata de llegar a ser igual que Dios construyendo una torre para alcanzar el Cielo [56, 57, 60]. Este rechazo de Dios se desborda en el rechazo del prójimo. Ahora hay división y falta de comunicación entre las naciones [1865].

De acuerdo al Génesis, el pecado deformó un mundo hermoso. El resultado continuo ha sido la división, el dolor, la matanza, la soledad y la muerte. Esta trágica narración nos resulta conocida. La realidad a la cual señala es parte fundamental de la experiencia humana. No es sorprendente que esta realidad —el hecho del pecado original y sus efectos en nosotros— es una enseñanza de la Iglesia [396-409].

Excepto Jesucristo y su Madre María, todo ser humano que nace al mundo queda afectado por este pecado original. Como declara san Pablo en Romanos 5,12 : "El pecado entró al mundo por un hombre y por el pecado la muerte, y por eso la muerte se extiende a todo hombre, ya que todos han pecado" [402].

Al insistir que el mal existe en el mundo, la Iglesia no sugiere que la naturaleza humana es corrupta. Por el contrario, la humanidad es capaz de hacer el bien. Aun cuando sentimos una fuerza aplastante, mantenemos un control esencial sobre nuestras decisiones. Permanece nuestro libre albedrío [386-390]. Y —lo que es más importante— Cristo nuestro Redentor ha conquistado a la muerte y al pecado por su muerte y resurrección. Esta victoria ha devorado no sólo nuestros pecados personales, sino también el pecado original y sus vastos efectos. La doctrina del pecado original puede representarse como un telón obscuro contra el cual se puede reflejar la vislumbrante redención que Cristo obtuvo para nosotros [606-618].

# Pecado Personal

Además de los efectos del pecado original, existe el pecado cometido por el individuo. Pecamos personalmente cuando quebrantamos la ley moral deliberadamente y con pleno conocimiento. Al pecar, dejamos de amar a Dios [1849-1853].

El pecado mortal es un rechazo fundamental del amor de Dios. Por él, el pecador pierde la presencia de Dios que posee por medio de la gracia. *Mortal* quiere decir que conduce a la muerte. Este pecado mata la vida y el amor de Dios en el pecador. Para que un pecado sea mortal debe haber (1) materia grave, (2) conocimiento suficiente, (3) consentimiento pleno de la voluntad [1854-1861].

El pecado *venial* es un rechazo menos serio del amor de Dios. Un pecado es venial cuando no hay ofensa grave, o —si la materia es grave— cuando la persona no está lo suficientemente consciente del mal envuelto, o no da consentimiento pleno al pecado.

El pecado venial es como una enfermedad espiritual que hiere, pero no mata la presencia de Dios que la persona posee por medio de la gracia. Puede haber diferentes grados de seriedad en el pecado, como hay diferentes clases de enfermedades más o menos serias. Aun los pecados veniales no deben tomarse con ligereza. Quienes se aman no quieren ofenderse de ningún modo, aun levemente [1862, 1863].

Los pecados, no importa su seriedad, no tienen que ser acciones. Una persona puede pecar por pensamiento o deseo, o al no hacer algo que se debe hacer [1849, 1871].

Dios perdona todo pecado —aun los más serios— una y otra vez, si la persona verdaderamente se arrepiente [1864].

La persona que vive consciente de estar en pecado mortal tiene que confesar ese pecado para reconciliarse con Cristo y su Iglesia antes de recibir la santa comunión (1 Corintios 11,27-28) [1385]. Una persona en pecado mortal puede recibir la gracia de Dios antes de la confesión mediante un arrepentimiento perfecto, pero este arrepentimiento debe ser en conjunto con la intención de confesar el pecado y recibir absolución sacramental [1452, 1455, 1456].

## Pecado Personal y Mal Social
[1865-1869]

El mal puede institucionalizarse. La injusticia, por ejemplo, puede llegar a ser parte del modo de vivir de un grupo, enraizada en leyes y costumbres sociales. Tales patrones del mal, cual piedra que se lanza al charco, se esparcen y contaminan las actitudes y acciones de las personas en ese ambiente. La influencia de estos patrones puede ser tan sutil que la gente enredada en ellos tal vez no está consciente del mal que promueven [1865-1869].

El misterio del pecado original tiene su dimensión social, y la cooperación en esos patrones del mal hace que sea más profunda la presencia del mal en el mundo. Contribuye al sufrimiento humano. Por eso, el Vaticano II enfatiza —especialmente durante la temporada penitencial de Cuaresma— las "consecuencias sociales del pecado" (*Constitución sobre la Liturgia,* 109).

El permitir el mal institucionalizado convierte a la persona en parte integrante del problema, y en un descendiente activo del hombre viejo, Adán. El resistir o confrontar el mal social te hace parte de la solución: un ser vivo con la vida que nos dio el Hombre Nuevo, Jesucristo [1869, 1872].

## Formación de una Conciencia Recta
[1776-1802]

Hablando sobre la dignidad de los seres humanos, dice el Vaticano II: "En lo profundo de su conciencia el hombre descubre una ley, que él mismo no se impone, pero a la cual debe obedecer y cuya voz, llamándole siempre a hacer el bien y evitar el mal, dice en los oídos de su corazón cuando conviene: haz esto, evita aquello. Pues el hombre tiene en su corazón una ley inscrita por Dios: su dignidad consiste en obedecerla, y conforme a ella se le juzgará. La conciencia es el núcleo más secreto y el sagrario del hombre, en el que está a solas con Dios, cuya voz resuena en lo más profundo de su ser" (*La Iglesia en el Mundo Actual,* 16) [1777-1782].

Todos estamos moralmente obligados a seguir nuestra conciencia. Pero esto no significa que lo que nos indica nuestra conciencia es infaliblemente correcto. Como dice el Vaticano II: "La conciencia se equivoca por ignorancia invencible sin que por eso pierda su dignidad" (*La Iglesia en el Mundo Actual,* 16); es decir, ignorancia por la cual no tenemos responsabilidad moral. El buscar una conciencia recta es parte de nuestra dignidad y responsabilidad [1790-1794].

Hablando sobre la conciencia recta, dice el Vaticano II: "Cuanto más prevalece la recta conciencia tanto más se apartan las personas y los grupos del ciego capricho y procuran conformarse a las normas objetivas de moralidad" (*La Iglesia en el Mundo Actual,* 16) [1786-1789].

En cuanto al punto crucial sobre cómo formar una conciencia recta, dice el Vaticano II: "En la formación de su conciencia los fieles deben, por su parte, prestar diligente atención a la doctrina sagrada y cierta de la Iglesia. Por voluntad de Cristo, la Iglesia Católica es la maestra de la verdad y su misión consiste en anunciar y enseñar auténticamente la verdad, que es Cristo, y al mismo tiempo declarar y confirmar con su autoridad los principios de orden moral que fluyen de la misma naturaleza humana" (*Declaración sobre la Libertad Religiosa,* 14).

En cuestiones personales de conciencia, "presta diligente atención a la doctrina sagrada y cierta de la Iglesia". Luego, "en el núcleo más secreto y en el sagrario" de tu corazón donde estás "a solas con Dios", busca su voluntad. Busca y hallarás [1783-1785, 2822, 2823].

## 12. Los Sacramentos de la Iglesia
[1210-1666]

### Bautismo: Vida Nueva y Nuevo Modo de Vida
[1213-1284]

Mediante la inmersión simbólica en las aguas bautismales, eres "sumergido en el misterio pascual de Cristo". Misteriosamente "mueres con él, eres sepultado con él y resucitas con él" (*Constitución sobre la Sagrada Liturgia,* 6) [1086].

Como cristiano bautizado eres hermano adoptivo de Cristo "escondido con Cristo en Dios", pero eres también miembro visible de su Cuerpo [1266].

Por la muerte al pecado (las aguas bautismales lavan todo pecado, tanto original como personal) [1263, 1264], tú entras en la comunidad de la Iglesia "como por una puerta". Tu bautismo imborrable en Cristo fue el inicio de una vocación singular para toda la vida [1214-1216, 1263, 1271].

Mucha gente ejercita su vocación bautismal de modo muy práctico en actividades parroquiales. Para ayudar a sus sacerdotes, sirven de ministros de la Eucaristía, lectores, comentaristas, directores del coro, ujieres, monaguillos, miembros del consejo parroquial, de la Legión de María, de los Vicentinos, el Santo Nombre y otros grupos parroquiales [911].

Otros sirven en la vida espiritual y comunitaria de su parroquia enseñando religión, participando en programas de educación religiosa para adultos, clases de Biblia, círculos de oración y encuentros conyugales. Muchos fortalecen su fe alabando al Señor en la renovación carismática católica. Estos son sólo unos cuantos ejemplos de cómo los miembros bautizados del Cuerpo de Cristo viven el misterio de su vocación bautismal [898-913].

Un modo especial de vivir la vida bautismal es la vocación religiosa. Algunos se hacen miembros de órdenes y congregaciones, haciéndose hermanos y hermanas o monjas, respondiendo a una gracia especial de Dios [914-933, 944, 945].

Como religiosos consagrados, ellos se entregan al Señor haciendo voto de vivir los consejos evangélicos de pobreza, castidad y obediencia. Como explica el Vaticano II, sus vidas quedan dedicadas al servicio de Dios "en un acto de consagración especial que está profundamente arraigado en su consagración bautismal y que provee una manifestación más amplia de ésta" *(Decreto sobre la Vida Religiosa,* 5) [930, 944, 2102, 2103].

Por el bautismo, compartes con los demás un *"vínculo sacramental* que te une a todos los que han renacido por medio de él" *(Decreto sobre el Ecumenismo,* 22). Tu bautismo no puede repetirse, ya que por él fuiste vinculado a Dios para siempre. Es un vínculo inquebrantable. Puedes perder la gracia y hasta la fe, pero no puedes perder tu bautismo. Has sido sellado como parte de Dios. Ese mismo vínculo te une a todos los demás seres bautizados en forma sacramental. Tú eres uno de nosotros y todos somos personas "sacramentales". Todos hemos recibido la vocación de vivir el misterio bautismal en el cual hemos sido sumergidos [941, 1271, 2791].

## Confirmación: Sello del Espíritu, Don del Padre
[1285-1321]

La Confirmación es el sacramento por el cual quienes han renacido en el bautismo reciben el sello del Espíritu Santo, don del Padre. Como el bautismo y la Eucaristía, la confirmación es un sacramento de iniciación; en este caso, la iniciación a la vida de testigo cristiano adulto. La presencia profunda del Espíritu que recibimos en este sacramento debe apoyarnos en nuestro testimonio vital a Cristo y en el servicio a los demás [1302, 1303].

Si te fueras a confirmar hoy, el celebrante pondría su dedo pulgar en el crisma, una mezcla especial de aceite de oliva y bálsamo, y marcaría tu frente con la señal de la cruz. Esta acción constituye la imposición de manos que es parte efectiva del sacramento, y que se remonta a la era apostólica.

Al ungirte, el celebrante dirá tu nombre, diciendo: "N… recibe por esta señal el don del Espíritu Santo". Estas palabras nos recuerdan a la comunidad cristiana primitiva. "En él ustedes también… fueron sellados con el Espíritu Santo prometido, quien garantiza nuestra herencia…" (Efesios 1,13-14) [1299, 1300].

## La Sagrada Eucaristía: Sacrificio y Sacramento
[1322-1419]

En su *Constitución sobre la Sagrada Liturgia,* el Vaticano II abre el capítulo intitulado "El sacrosanto misterio de la Eucaristía" con estas hermosas palabras: "Nuestro Salvador, en la última cena, la noche que le traicionaban, instituyó el sacrificio eucarístico de su Cuerpo y Sangre con el cual iba a perpetuar por los siglos, hasta su regreso, el sacrificio de la cruz, y a confiar así a su Esposa, la Iglesia, el memorial de su muerte y resurrección: sacramento de piedad, signo de unidad, vínculo de caridad, banquete pascual, en el cual se consume a Cristo, el alma se llena de gracia y se nos da una prenda de la gloria venidera" (*Liturgia,* 47) [1323, 1398].

Este misterio es el centro mismo y la culminación de la vida cristiana. "Aparece como la fuente y el ápice de toda evangelización… el centro de la reunión" de los fieles (*Sacerdotes,* 5) [1175, 1181, 1324, 1392].

En toda Misa Cristo está presente, tanto en la persona de su sacerdote como en su presencia especial bajo las formas del pan y el vino. En cada Misa su muerte se convierte en realidad presente, ofrecida como nuestro sacrificio a Dios, de modo incruento y sacramental. Cuantas veces se celebre en el altar el sacrificio de la cruz, la obra de la redención avanza [1333, 1350, 1372].

En la Misa ofrecemos a Cristo, nuestro sacrificio pascual, a Dios. Y nos ofrecemos a nosotros mismos con El. Luego recibimos al Señor resucitado, nuestro pan de vida, en la santa comunión. Al recibirlo, penetramos al centro mismo del misterio pascual de nuestra salvación: la muerte y resurrección de Cristo [1330, 1356-1359].

En la cena del Señor atravesamos la historia y "proclamamos la muerte del Señor hasta que vuelva" (1 Corintios 11,26). Al participar en este banquete de amor nos convertimos más totalmente en su Cuerpo. En ese momento nuestro futuro en Dios se convierte en una realidad presente. La unidad a la que estamos destinados queda simbolizada y realizada en la cena que compartimos. En la Misa, tanto el pasado como el futuro se hacen realmente presentes por el misterio [1382-1398, 1402, 1405].

Si te preparas debidamente y la recibes con fe viva la Eucaristía te puede atraer al amor apremiante de Cristo y llenarte de fuerza. Cuando termina la celebración del sagrado misterio reconoces que te ha cautivado si tus obras reflejan tu fe. Y si regresas al lugar donde se reserva el Santísimo Sacramento, Cristo presente en el sagrario, puedes recobrar ese amor profundísimo del cual su presencia habla silenciosamente [1066-1075, 1418].

## Penitencia: Sacramento de Reconciliación
[1422-1498]

La penitencia es el sacramento por el cual recibimos el perdón de Dios por los pecados cometidos después del bautismo. También se le llama el sacramento de la reconciliación porque no sólo nos reconcilia con Dios, sino también con la comunidad de creyentes que es la Iglesia. Ambos aspectos de la reconciliación son importantes [1468-1470].

Como miembros del Cuerpo de Cristo, todo lo que hacemos afecta al Cuerpo entero. El pecado hiere y debilita el Cuerpo de Cristo; la curación que recibimos en la penitencia devuelve fuerza y salud a la Iglesia tanto como a nosotros.

Cuando alguien se desvía o se aleja del amor de Dios, quien se perjudica es el pecador. El pecado venial pone en tirantez nuestra relación con Dios. El pecado mortal rompe esa relación [1854-1863]. En caso de pecado mortal, el modo común por el cual el católico regresa a Dios es mediante la absolución en el sacramento de la penitencia. (Una persona que se halla en pecado mortal puede volver a la gracia de Dios antes de confesarse si logra hacer un acto de contrición perfecta o de arrepentimiento, pero esta contrición perfecta debe ser acompañada por el deseo de confesar el pecado y de recibir la absolución sacramental.)

El pecado es una realidad trágica. Pero el sacramento de la penitencia es ocasión de alegría. El capítulo 15 del Evangelio de San Lucas expresa esa alegría claramente. En Lucas 15, los fariseos acusan a Jesús de ser demasiado misericordioso. Jesús les contesta con tres parábolas. En la primera, Dios es cual pastor que abandona noventa y nueve ovejas para buscar la que había perdido. Cuando la encuentra, se llena de alegría [1443].

En la segunda parábola, una mujer encuentra una moneda valiosa que había perdido, y celebra el encuentro con una fiesta. Jesús comenta: "Del mismo modo, les digo, se alegran los ángeles de Dios por un solo pecador que se convierte" (15:10) [545-546].

La tercera parábola es la del hijo pródigo. Cuando el hijo que estaba perdido regresa al hogar, su padre lo recibe con un caluroso abrazo [2839].

Cuando confiesas tus pecados sinceramente, con verdadero arrepentimiento y propósito de jamás pecar, Dios se regocija. Los fariseos que vemos en el Evangelio de Lucas son hombres estrictos y rígidos, jueces más estrictos que Dios. El Padre revelado por Cristo parece ser demasiado bueno. Y así también es Jesús, a quien encuentras en este sacramento. De tal palo, tal astilla. En la penitencia, Jesús te abraza y te sana [1441-1442].

## Unción de los Enfermos
### [1499-1532]

Experimentas la mortalidad en la enfermedad grave. Te das cuenta que algún día morirás. Si no estás gravemente enfermo, sino solamente achacoso o avanzado en edad, tienes la misma experiencia.

Ya que estas circunstancias hacen que te enfrentes a Dios y que tengas presente tu propia muerte, tu condición presente tiene un carácter sacramental muy especial. Por eso hay un sacramento formal para esta clase de situación: la unción de los enfermos [1522].

La unción no acelera la muerte. En este sacramento, sin embargo, Dios te invita a comulgar con él pensando en el encuentro final con él. Por medio de este sacramento, la Iglesia entera pide a Dios que alivie tu sufrimiento, que perdone tus pecados y que te conduzca a la salvación eterna [1520].

No tienes que estar al borde de la muerte para recibir este sacramento. Esto se ve claramente porque la unción y las oraciones acompañantes tienen como objetivo la restauración de tu salud. Por lo tanto, si no te hallas en peligro inmediato de muerte, pero estás enfermo, puedes y debes pedir el sacramento. Si alguna vez estás en peligro de muerte, por enfermedad o edad avanzada, no debes posponer su recepción [1514-1515].

La unción de los enfermos te ayuda a compartir más profundamente la cruz de Cristo. Al compartirla, contribuyes al crecimiento espiritual de la Iglesia. Por medio de esta participación en la cruz de Cristo mediante la unción, te preparas para compartir más totalmente la resurrección de Cristo [1521].

## Ordenes Sagradas: Sacerdocio Ministerial
### [1536-1600]

La Iglesia es el Cuerpo de Cristo. Como tal, la Iglesia entera participa en la naturaleza y la misión de Cristo, nuestra cabeza. Esto incluye la participación en su sacerdocio [787-796, 1268, 1546].

Pero más allá del "sacerdocio común de los fieles", existe el "sacerdocio ministerial" especial de Cristo, que algunos miembros de la Iglesia reciben por el sacramento del orden sagrado [901, 1547].

Ambas clases de sacerdocio —el común y el ministerial— comparten en el sacerdocio de Cristo. Y ambas se relacionan entre sí, pero existe una diferencia básica entre ellas. En el sacrificio eucarístico, por ejemplo, el sacerdote ordenado obra en la persona de Cristo y ofrece el sacrificio de Dios en nombre de todos, y la gente se une al sacerdote en esa ofrenda. Ambos papeles —el del sacerdote y el del pueblo— van unidos [901-903].

Los sacerdotes reciben su sacerdocio de los obispos, que poseen la plenitud del sacramento del orden sagrado. Cuando el obispo ordena al sacerdote, le hace partícipe de su sacerdocio y misión [1562-1564].

Los sacerdotes participan en el ministerio de Cristo predicando el Evangelio, tratando con todas sus fuerzas de guiar al pueblo hacia la madurez cristiana. Ellos bautizan, y absuelven el pecado en el sacramento de la penitencia, actúan como testigos en el sacramento del matrimonio y ungen a los enfermos. Y lo que es más importante, los sacerdotes celebran la Eucaristía, que es "el palpitar mismo del corazón de la comunidad de los fieles sobre la cual preside el sacerdote" (*Decreto sobre el Ministerio y la Vida de los Sacerdotes,* 5). Todos los sacerdotes marchan unidos en su objetivo común: el edificar el Cuerpo de Cristo [1565-1568, 1595].

Al ser ordenados, los sacerdotes quedan sellados con un "carácter especial", un poder interior que les permite "obrar como Cristo la Cabeza" (*Sacerdotes,* 2). Este carácter interior especial une a los sacerdotes en vínculo sacramental entre sí, lo cual es un hecho que, en cierto sentido, los separa del resto del pueblo. Esta "separación" tiene como propósito ayudar a los sacerdotes a entregarse totalmente a la obra de Dios [1581-1584].

44

Como dice el Vaticano II, los sacerdotes "tratan a los demás hombres como sus hermanos" igual que Cristo (*Sacerdotes,* 2). Esto quiere decir que los sacerdotes necesitan a su gente, como su gente los necesita a ellos. Los laicos que trabajan unidos a los sacerdotes les ayudan a ser líderes de la comunidad del pueblo de Dios [910].

Además de los obispos y los sacerdotes, los diáconos también participan de modo especial en el sacramento del orden sagrado. El diaconado, conferido por el obispo, se recibe como primer paso en la ordenación de aquellos destinados al sacerdocio. Desde el Concilio Vaticano Segundo, sin embargo, la antigua orden del diaconado ha sido restaurada en la Iglesia católica romana como oficio en sí. Muchas diócesis cuentan con diáconos que no serán ordenados sacerdotes. Por eso se les llama diáconos *permanentes.* Los diáconos permanentes sirven al pueblo de Dios bajo la autoridad del obispo local [1569-1571, 1596].

## Matrimonio: Sacramento de Unidad Vivificante
[1601-1666]

En toda civilización ha habido personas que han intuído un aura de misterio respecto a la unión de un hombre y una mujer. Siempre ha existido la vaga impresión de que el ansia mutua del uno por el otro es vivificante, y que es deseo de unirse a la fuente de toda vida. Es por eso que muchos rituales religiosos y códigos de conducta siempre han estado asociados con el matrimonio.

Jesús tomó el matrimonio y lo elevó a sacramento. Como resultado, el matrimonio da una nueva dimensión a la vocación cristiana que comienza en el bautismo [1601].

En el matrimonio, el marido y la mujer están llamados a amarse mutuamente de modo muy práctico: sirviendo las más profundas necesidades personales mutuas; tratando los dos de comunicar seriamente sus sentimientos y pensamientos personales, de modo que su unión crezca y se mantenga siempre viva. Este amor es explícita y bellamente sexual. Como indica el Vaticano II, "Este amor se expresa y perfecciona singularmente por el acto conyugal" (*La Iglesia en el Mundo Actual,* 49) [1643-1654].

En el matrimonio, la pareja también está llamada a vivir su

sacramento para los demás. Por su obvia unidad, la pareja amorosa afecta las vidas de los demás con ese algo especial: el amor de Cristo entre nosotros. Revelan el amor de Cristo y contagian a los demás: a sus hijos y a cuantos se les aproximen. El resultado natural, y uno de los fines principales del matrimonio, es la creación de nueva vida: los hijos. Pero el amor de una pareja también da vida —la vida del Espíritu de Cristo— a los demás [1652-1658, 2366, 2367].

La pareja no vive su amor meramente porque son compatibles. Lo hacen consciente y deliberadamente porque esa es su vocación y porque el matrimonio es lo que san Pablo llamó: "un gran misterio... con respecto a Cristo y a su Iglesia" (Efesios 5,32) [1616].

El matrimonio es mucho más que un arreglo privado entre dos personas. Es una vocación sacramental en y para la Iglesia. Es un medio por el cual Cristo revela y profundiza el misterio de su unidad con nosotros, su Cuerpo. Por eso, los esposos y esposas viven una vida verdaderamente sacramental cuando siguen las palabras de san Pablo: "Sométanse unos a otros por consideración a Cristo" (Efesios 5,21) [1617].

La unión sacramental de la pareja en la Iglesia católica es *exclusiva* (un hombre y una mujer) e *indisoluble* (hasta que la muerte nos separe). Estas son formas concretas por las cuales la unidad misteriosa entre el esposo y la esposa, y entre Cristo y su Iglesia, se hace realidad [1643-1645, 2360-2379].

Lo mejor que un padre puede hacer por sus hijos es amar a su esposa. Igualmente, una de las mejores cosas que una pareja puede hacer por la Iglesia y por el mundo es vivir en profunda unión [2201-2231].

## 13. El Destino Humano

[988-1060]

### Muerte y Juicio Individual

La Iglesia cree en dos destinos: uno individual y el otro para la humanidad entera [678-679].

Lo que te aguarda en la muerte se expresa en la carta a los Hebreos en el Nuevo Testamento: "Del mismo modo queda establecido que los hombres mueren una sola vez, y luego el juicio..." (Hebreos 9,27) [1013, 1021].

Tu vida como peregrino en la tierra llega a su meta en el momento de la muerte. Al pasar más allá del mundo del tiempo y de cambios ya no puedes escoger otra realidad como el amor máximo de tu vida. Si tu elección básica de amor al morir es el Bien absoluto que llamamos Dios, Dios permanecerá contigo para siempre. La posesión eterna de Dios se llama Cielo [1023-1029].

Si tu elección básica de amor al morir es algo menos que Dios, sentirás el vacío profundo de no poseer el Bien absoluto. Esta pérdida eterna se llama infierno [1033-1037, 1056, 1057].

El juicio, en la ocasión de tu muerte, es la revelación clara de tu inmutable condición, libremente elegida: la unión eterna con Dios, o la eterna separación [1021, 1022].

## El Purgatorio y la Comunión de los Santos
[1030-1032, 954-959]

Si mueres en el amor de Dios, pero aun tienes algunas "manchas de pecado", esas manchas son lavadas en un proceso purificador que se llama purgatorio. Estas manchas de pecado son mayormente la pena temporal que procede del pecado venial o mortal que ya ha sido perdonado, pero por el cual no has hecho suficiente penitencia durante tu vida. La doctrina del purgatorio, reflejada en la Escritura y desarrollada en la Tradición, fue expresada claramente en el Segundo Concilio de Lyons (1274 d. C.).

Después de haber pasado por el purgatorio, ya no serás egoísta. Serás capaz de amar con amor perfecto. Tu egoísmo —esa parte en ti que incansablemente buscó satisfacción— habrá muerto para siempre. El "nuevo tú" será tu mismo ser interior, transformado y purificado por la intensidad del amor de Dios.

Además de declarar la existencia del purgatorio, el Segundo Concilio de Lyons también afirmó que "los fieles en la tierra pueden ayudar" a quienes están en el purgatorio, ofreciendo por ellos "el sacrificio de la Misa, oraciones, limosnas y otras obras religiosas" [958, 1032, 1055].

En esta doctrina queda implícito el vínculo de unidad —llamado la comunión de los santos —que existe entre el pueblo de Dios en la tierra y aquellos que han pasado a mejor vida. El Vaticano II enfoca este vínculo de unidad al decir que "acepta con gran devoción la venerable fe de nuestros antepasados con respecto a la relación vital que compartimos con nuestros hermanos que están en el Cielo o que aún se están purificando después de la muerte" (*La Iglesia,* 51) [828, 959].

Esta comunión de los santos es mutua. En la sección que citamos dice el Vaticano II que así como nosotros en la tierra podemos ayudar a los que están en el purgatorio, así los que están en el Cielo pueden ayudarnos en nuestra peregrinación intercediendo ante Dios por nosotros [946-962].

## El Infierno
[1033-1037]

Dios, quien es amor y misericordia infinita, también es justicia infinita [1040]. Debido a la justicia de Dios y a su respeto total por la libertad humana, el infierno es una posibilidad real como destino eterno de la persona. Este aspecto del misterio de Dios nos resulta difícil de entender. Pero Cristo mismo lo enseñó y también la Iglesia [1861].

La doctrina sobre el infierno aparece claramente en la Sagrada Escritura. En el Evangelio de Mateo, Cristo les dice a los justos: "Vengan, benditos de mi Padre, reciban la herencia del Reino preparado para ustedes desde la creación del mundo". Pero a los malvados les dice: "Apártense de mí, malditos, al fuego eterno preparado por el diablo y sus ángeles" (Mateo 25,34.41). En otro lugar Jesús dice: "Más vale que entres manco en la Vida que, con las dos manos, ir a la gehenna, al fuego que no se apaga" (Marcos 9,43) [1056, 1057].

Algo que emerge claramente de esta doctrina es la realidad de la libertad humana. Eres libre para buscar a Dios y para servirle. Y eres libre para escoger lo opuesto. En ambos casos, eres responsable de las consecuencias. La vida es cosa seria. El modo en que la vives tiene consecuencias serias. Eres libre, radicalmente libre, para buscar a Dios. Y eres libre, radicalmente libre, para escoger el dolor inexpresable de su ausencia [1730-1748].

48

# El Cielo
[1023-1029]

La gracia, la presencia de Dios dentro de ti, es como una semilla viva y en desarrollo que está destinada a abrirse algún día en pleno desarrollo.

Dios se te ha brindado a sí mismo, pero de manera oculta. Por lo pronto, lo buscas a la vez que lo posees. Pero llegará el momento en que tu búsqueda cesará. Entonces verás y poseerás a Dios completamente [1024].

San Juan nos dice: "Amados, ahora somos hijos de Dios y aún no se ha manifestado lo que seremos. Sabemos que, cuando se manifieste, seremos semejantes a El, porque le veremos tal cual es" (1 Juan 3,2) [1720].

Y san Pablo dice: "Ahora vemos en un espejo, confusamente; entonces veremos cara a cara. Ahora conozco de un modo imperfecto, pero entonces conoceré como soy conocido" (1 Corintios 13,12) [164].

Eso es el Cielo: la visión directa de Dios, cara a cara, tal como es: Padre, Hijo y Espíritu. Unión total y perfecta con Dios, éxtasis de satisfacción que sobrepasa la imaginación humana; el "ahora" de la eternidad en el cual todo es siempre nuevo, fresco y presente; calurosa alegría en presencia de Jesús, de su Madre y de toda la gente que has conocido y amado; ausencia total del dolor, el remordimiento, los recuerdos amargos; cuando disfrutarás de todos los poderes de tu mente y (luego de la resurrección en el Juicio Final) de tu cuerpo.

Esto es el Cielo. O sea, esto es una pobre imagen de lo que Dios ha prometido a los que lo aman, de lo que Cristo ha ganado para nosotros mediante su muerte y resurrección [163, 1023, 1024, 2519].

## Una Tierra Nueva y un Cielo Nuevo
[1042-1050]

Los credos de la Iglesia expresan con claridad nuestra fe en el juicio final del último día. Ese día los muertos resucitarán. Por el poder divino estaremos presentes ante Dios en cuerpo, como seres humanos [681, 682]. Entonces Dios —Señor absoluto de la historia— presentará un juicio panorámico de todo lo que la humanidad ha hecho y todo lo que ha sufrido durante los siglos en que el Espíritu se esforzó en hacernos avanzar como un solo pueblo [1038-1041].

¿Cuándo vendrá ese día? En un pasaje admirable, lleno de esperanza en todo lo humano, el Vaticano II expresa la visión de la Iglesia sobre esta cuestión: "Ignoramos el momento en que se llevará a cabo la consumación de la tierra y de la humanidad, ni conocemos el modo como se transformará el universo. Pasará, desde luego, este mundo, deformado por el pecado, pero Dios nos enseña que nos prepara una nueva morada y una nueva tierra donde habita la justicia, y cuya bienaventuranza será capaz de saciar y hacer rebosar todos los anhelos de paz que brotan del corazón humano" [1001, 1048, 1059, 1060].

Mientras tanto, en el tiempo que nos queda por vivir, "se desarrolla el cuerpo de una nueva familia humana que puede de alguna manera ofrecer un esbozo de una era nueva" [1049, 2820].

Cuando hayamos "propagado por la tierra los bienes de la dignidad humana, de la unión fraterna y de la libertad, y todos los bienes que son fruto de la naturaleza y de nuestro trabajo, volveremos a encontrarlos limpios de toda mancha, iluminados y transfigurados…. *Este Reino está ya misteriosamente presente en nuestra tierra; con la venida del Señor se consumará su perfección"* (La Iglesia en el Mundo Actual, 39) [1048-1050].

Ese Reino está ya misteriosamente presente. Ya comenzó el día en que Dios "enjugará las lágrimas de nuestros ojos y no habrá muerte". Ya comenzó el día en que le dice a todos los seres vivientes: "Miren, que hago un mundo nuevo…. Hecho está; yo soy el Alfa y la Omega, el Principio y el Fin" (Apocalipsis 21,4.5.6) [1044, 1186].

Mientras tanto, obramos y oramos por el florecimiento del Reino que vendrá. Y como los primeros cristianos gritamos: *¡Marana tha!* ¡Ven, Señor Jesús! Te buscamos [1130, 1403, 2548-2550, 2853].

# SEGUNDA SECCION
# PRACTICAS

## 1. Dos Grandes Mandamientos

El fundamento de toda ley (la norma de tu vida) recae sobre dos mandamientos: "Amarás al Señor tu Dios con todo tu corazón y con toda tu alma y con toda tu mente…. Amarás a tu prójimo como a ti mismo" (Mateo 22,37-39) [2055, 2083].

## 2. Mandamientos de Dios

[2084-2557]

Estos mandamientos son una extensión de los dos grandes mandamientos. Los primeros tres nos indican cómo amar a nuestro Dios; el resto indican como amar a nuestro prójimo [2196].

1. No habrá para ti otros dioses delante de mí [2084-2141].
2. No usarás el nombre de Dios en vano [2142-2167].
3. Recuerda santificar el día del Señor [2168-2195].
4. Honra a tu padre y a tu madre [2197-2257].
5. No matarás [2258-2330].
6. No cometerás adulterio [2331-2400].
7. No robarás [2401-2463].
8. No darás testimonio falso contra tu prójimo [2464-2513].
9. No codiciarás la mujer de tu prójimo [2514-2533].
10. No codiciarás los bienes de tu prójimo [2534-2557].

He aquí los diez mandamientos en forma condensada.

AMOR A DIOS
  Adora sólo a Dios.
  Trata su nombre con reverencia.
  Mantén santo su día.
AMOR AL PROJIMO
  Honra a tus padres y obedece a la legítima autoridad.
  Respeta la vida humana.
  Mantén el sexo como algo sagrado.
  Respeta la verdad.
  Respeta los derechos y la propiedad de los demás.

# 3. Preceptos de la Iglesia
[2041-2043, 2048]

De vez en cuando, la Iglesia ha enumerado ciertas obligaciones de todo católico. Algunas de las obligaciones que se presumen de todo católico incluyen las siguientes. (Las que tradicionalmente se conocen como preceptos de la Iglesia están marcadas con un asterisco.)

1. Mantener santo el día de la resurrección del Señor: adorar a Dios participando en la Misa todos los domingos y días de precepto: * evitar toda actividad que prevenga la renovación de alma y cuerpo, por ejemplo, el trabajo innecesario, las actividades de negocio, viaje de compras innecesario, etc. [1166, 1167,1389, 2042, 2174-2192]. (Vea en la página 54 la lista de los días de precepto.)

2. Vivir la vida sacramental: recibir la sagrada comunión con frecuencia y el sacramento de la penitencia con regularidad
   — como mínimo, recibir el sacramento de la penitencia por lo menos una vez al año (la confesión anual es de obligación sólo si se ha cometido pecado serio) [1389, 2042]. * (Vea la explicación en las páginas 55-56.)
   — como mínimo, recibir la sagrada comunión por lo menos una vez

al año, entre el primer domingo de Cuaresma y el domingo de la Santísima Trinidad [1389, 1417, 2042].

3. Estudiar la doctrina católica como preparación para el sacramento de la confirmación, recibir la confirmacióin y continuar estudiando y luchando por Cristo [1309, 1319].

4. Observar las leyes matrimoniales de la Iglesia: [1601-1666] * dar instrucción religiosa (por medio de la palabra y el ejemplo) a los hijos; hacer uso de las escuelas parroquiales y sus programas de educación religiosa [1656, 1657].

5. Fortalecer y ayudar a mantener la Iglesia: [1351] * la parroquia propia y los sacerdotes de la parroquia; la Iglesia universal y el Santo Padre [2043].

6. Hacer penitencia, incluso abstenerse de comer carne y ayunar en los días señalados [1438, 2043]. * (Vea la página 55.)

7. Participar en el espíritu misionero y en el apostolado de la Iglesia [2044-2046].

## 4. Días de Precepto

[2043, 2180, 2698]

Los días de precepto son fiestas cuando los católicos que tienen uso de razón tienen obligación de ir a Misa, como los domingos, y deben evitar el trabajo innecesario. Quedan excusados de una o ambas obligaciones si tienen alguna razón seria.

En los Estados Unidos los días de precepto se celebran así:

El 8 de diciembre (La Inmaculada Concepción de María) y 25 de diciembre (Navidad) siempre días de precepto.

Cuando 1 de enero (Solemnidad de santa María, Madre de Dios), 15 de agosto (La Asunción de María), y 1 de noviembre (Todos los Santos) caen en el sábado o el lunes la obligación de asistir a misa está abrogada, pero las misa designada está celebrado en el día actual.

Unas iglesias celebran la Ascención cuarenta días después de Pascua y otras lo han puesto un lugar del séptimo domingo de Pascua. Consulte su iglesia local.

# 5. Reglas sobre el Ayuno y la Abstinencia

[2043]

Ayunar significa no comer ciertos alimentos. Abstenerse significa no comer carne. El miércoles de ceniza y el viernes santo son días de ayuno y abstinencia. Todos los viernes de Cuaresma son días de abstinencia.

La obligación de observar la abstinencia obliga a todo católico de 14 años de edad en adelante. La obligación de ayunar, limitándose a una comida completa y dos comidas ligeras en un día, obliga a los católicos de los 21 a los 59 años de edad. Los enfermos y las mujeres embarazadas no tienen obligación de ayunar.

El ayuno y la abstinencia son formas de penitencia. Como seguidores de Cristo, debemos participar en los sufrimientos de Cristo. Otras formas voluntarias de penitencia también deben practicarse. La oración puede ser penitencial, tanto privada como litúrgica. La caridad hacia nuestros hermanos y hermanas requiere la entrega del amor propio y el compartir nuestros bienes [1438].

# 6. Confesión de los Pecados

[1424, 1491]

El precepto de confesarse al menos una vez al año nos recuerda que debemos recibir el sacramento de la penitencia (reconciliación) regularmente. La confesión no es necesaria si no se ha cometido pecado grave en ese tiempo [1493]. Sin embargo, la confesión frecuente es muy valiosa, pues nos conforma más profundamente a Cristo y nos hace más sumisos a la voz del Espíritu [2042].

La reconciliación es un encuentro personal con Jesucristo, a quien representa el sacerdote en el confesionario o el salón de reconciliación. El penitente reconoce ante Dios que ha pecado, hace un acto de contrición, acepta la penitencia (oraciones, obras de abnegación, servicio a los demás) y hace propósito de enmienda [983, 986, 1441, 1442].

Luego de haber orado y examinado tu conciencia para descubrir los pecados que has cometido, puedes entrar al confesionario [1450-1460]. *El sacerdote* te saluda gentilmente.

*Tú* le respondes y haces la señal de la cruz.

*El sacerdote* te invita a tener confianza en el Señor.

*Tú* le contestas: "Amén".

*El sacerdote* lee o cita algún texto de la Biblia.

*Tú* te presentas (no por nombre) y le dices cuánto tiempo ha pasado desde tu última confesión. Entonces le dices tus pecados. (Debes confesar cada pecado mortal lo mejor posible.) Conviene mencionar tus pecados veniales más frecuentes y los que te causan mayor dificultad.

*El sacerdote* te ofrecerá el consejo necesario y contestará tus preguntas. Entonces te impondrá una penitencia.

*Tú* dices el acto de contrición. (Véase la página 65.)

*El sacerdote* entonces impone sus manos sobre tu cabeza (o extiende su mano derecha sobre ti) y recita las palabras de absolución:

> Dios, Padre misericordioso, que reconcilió consigo al mundo por la muerte y la resurrección de su Hijo y derramó el Espíritu Santo para la remisión de los pecados te conceda, por el ministerio de la Iglesia, el perdón y la paz. Y yo te absuelvo de tus pecados en el Nombre del Padre, y del Hijo y del Espíritu Santo.

*Tú* le contestas: "Amén".

*El sacerdote* dice: "Da gracias al Señor, porque es bueno".

*Tú* respondes: "Porque es eterna su misericordia".

*El sacerdote* entonces despide al penitente con estas palabras u otras similares: "El Señor ha perdonado tus pecados. Vete en paz". (Para más información sobre la penitencia, vea las páginas 41-42.)

## 7. Reglas sobre el Ayuno Eucarístico

[1387, 1415]

Para recibir la santa comunión uno debe estar en estado de gracia (libre de pecado mortal), tener intención recta (no por rutina o respeto humano, sino para agradar a Dios), y observar el ayuno eucarístico.

Este ayuno implica que no debes comer nada o beber ningún líquido (excepto agua) una hora antes de recibir la comunión. Sin embargo, los enfermos y los ancianos, aun los que no están confinados a su cama o a un hogar de ancianos (y quienes cuidan de ellos y quieren recibir la comunión con ellos, pero no pueden ayunar por una hora sin mucho inconveniente), pueden tomar bebidas no alcohólicas y medicinas líquidas o sólidas antes de comulgar asi como alimentos sin límite de tiempo; o sea, no tienen que guardar el ayuno eucarístico.

## 8. Cómo Recibir la Comunión
[1384-1390, 1415-1417]

La comunión puede recibirse en la mano o en la lengua. En los Estados Unidos, la costumbre común es recibir la comunión de pie [1390].

El ministro de la Eucaristía se dirige al comunicante de la siguiente manera: "El Cuerpo de Cristo". El comunicante responde: "Amén".

Cuando el ministro eleva el pan eucarístico y dice las palabras: "El Cuerpo de Cristo", esto invita al comunicante a hacer un acto de fe para expresar su fe en la Eucaristía, para manifestar su deseo y necesidad del Señor, para aceptar la buena nueva del misterio pascual de Jesús.

Un "Amen" claro y pleno de sentido es tu respuesta a esa invitación. De este modo profesas tu fe en la presencia de Cristo en el Pan Eucarístico y en el Vino Eucarístico.

## 9. Las Bienaventuranzas
[1716-1717]

El cristiano verdadero va más allá de la obediencia de las leyes. Quienes siguen a Cristo y viven en su Espíritu saben que su salvación incluye la lucha y el dolor. Las bienaventuranzas resumen las dificultades que deben vencer los fieles cristianos y la recompensa que les espera si siguen fielmente a Cristo.

1. Bienaventurados los pobres de espíritu, porque de ellos es elReinode los Cielos [544].
2. Bienaventurados los mansos, porque ellos poseerán en herencia la tierra.
3. Bienaventurados los que lloran, porque ellos serán consolados.

4. Bienaventurados los que tienen hambre y sed de justicia, porque ellos serán saciados.
5. Bienaventurados los misericordiosos, porque ellos alcanzarán misericordia.
6. Bienaventurados los limpios de corazón, porque ellos verán a Dios [1720, 2518, 2546].
7. Bienaventurados los que buscan la paz, porque ellos serán llamados hijos de Dios [2305, 2306, 2330].
8. Bienaventurados los perseguidos por causa de la justicia, porque de ellos es el Reino de los Cielos (Mateo 5,3-l0).

He aquí una versión más corta de las bienaventuranzas:
1. Felices son los que necesitan a Dios.
2. Felices los que saben controlarse a sí mismos.
3. Felices los que se arrepienten de sus pecados.
4. Felices los que tienen hambre y sed de justicia.
5. Felices son los misericordiosos.
6. Felices los que aman con todo el corazón.
7. Felices son los pacíficos.
8. Felices los que sufren por hacer el bien.

## 10. Las Obras Corporales de Misericordia

[2443, 2447]

1. Dar de comer al hambriento.
2. Dar de beber al sediento.
3. Vestir al desnudo.
4. Visitar a los confinados.
5. Dar albergue al desahuciado.
6. Visitar a los enfermos.
7. Dar sepultura a los muertos [1681-1690, 2300].

## 11. Las Obras Espirituales de Misericordia

[2443, 2447]

1. Corregir al pecador.

2. Instruir al ignorante.
3. Aconsejar al que duda.
4. Consolar a los afligidos.
5. Soportar las ofensas pacientemente.
6. Perdonar toda injuria.
7. Orar por los vivos y los muertos [958, 1032].

o

1. Corregir a quienes lo necesitan.
2. Enseñar al ignorante.
3. Dar consejo a quienes lo necesitan.
4. Dar consuelo al que sufre.
5. Ser paciente con los demás.
6. Perdonar a los que nos hieren.
7. Orar por los demás.

## 12. Cómo Bautizar en Caso de Emergencia
[1240-1256, 1284]

Eche agua ordinaria en la frente (no el pelo) de la persona que se va a bautizar, y diga a la vez: "Yo te bautizo en el nombre del Padre y del Hijo y del Espíritu Santo". (Cualquier persona puede y debe bautizar en caso de necesidad; la misma persona tiene que decir las palabras a la vez que vierte el agua.)

## 13. Cómo Prepararse para la Visita del Sacerdote
### (Confesión, Comunión, Unción)
[1517-1519]

Llame al sacerdote cuando un familiar o amigo está grave. La persona no tiene que estar en peligro de muerte.

Cubra una mesita con un paño. Si es posible, coloque la mesita cerca de la cama o la silla del enfermo. Ponga un crucifijo y dos velas encendidas sobre la mesita.

Si tiene agua bendita, póngala en la mesita. Ponga un plato con dos pedazos de algodón. Para la santa comunión traiga un vaso de agua y una cuchara.

Cuando llegue el sacerdote, vaya a la puerta a recibirlo con una de las velas encendidas, y llévelo a donde está el enfermo. Salga del cuarto si el enfermo quiere confesarse. Después de la confesión, regrese y participe en las oraciones.

## 14. Tiempos Litúrgicos del Año

[1163-1173]

La liturgia ejerce la obra de nuestra redención. Es el "gran medio por el cual los fieles pueden expresar en su vida, y manifestar a los demás, el Misterio de Cristo y la naturaleza auténtica de la verdadera Iglesia…" (*Liturgia,* 2). Es "la cumbre a la cual tiende la actividad de la Iglesia… la fuente de donde mana toda su fuerza" (*Liturgia,* 10) [2698].

La Iglesia celebra el memorial de nuestra redención en Cristo en días designados en el curso del año. El misterio de Cristo se descubre a lo largo del año. Esto ella lo hace en series durante los diferentes tiempos litúrgicos del año [1166].

*Adviento:* Esta temporada comienza cuatro semanas (más o menos) antes de la Navidad [524]. (El domingo que cae en o cerca del 30 de noviembre.)

*Navidad:* Esta temporada empieza el día de Navidad y dura hasta después de la Epifanía, el domingo del Bautismo del Señor inclusive [1171]. (El período desde el fin del tiempo de Navidad hasta el principio de la Cuaresma pertenece al tiempo ordinario del año.)

*Cuaresma:* La temporada penitencial de la Cuaresma comienza el miércoles de ceniza y dura hasta el jueves santo. La última semana se llama Semana Santa, y sus últimos tres días comenzando el jueves santo hasta la Vigilia Pascual se llaman el triduo pascual [540, 1438].

*Pascua:* Esta temporada, cuyo tema es la resurrección del pecado a la vida de la gracia, dura 50 días, desde el domingo de Pascua hasta Pentecostés [1096, 1168, 1169].

***Tiempo Ordinario:*** Esta temporada incluye 33 o 34 semanas en el curso del año que no celebran ningún aspecto particular del misterio de Cristo. Incluye no sólo el período posterior a la Navidad y anterior al comienzo de la Cuaresma, sino también todos los domingos después de Pentecostés hasta el último domingo del año litúrgico, que es la Fiesta de Cristo Rey [1166, 1167, 2177].

# TERCERA SECCION
# ORACIONES

[2559-2565, 2697-2699]


## Nota Introductoria

De acuerdo a una antigua definición, la oración es "acompañar a Dios". Por la oración te relacionas con Dios en los lugares más profundos de tu personalidad. En ella buscas y comulgas con el Dios vivo, respondiéndole a él como se te ha dado a conocer por las enseñanzas de la Iglesia [2697-2699].

Siendo tan personal, la oración hace uso de fórmulas y palabras. La oración litúrgica —la oración comunitaria oficial de la Iglesia— usa fórmulas aprobadas. Se da el mismo caso en la oración de grupo no oficial. Aun en la oración privada, las fórmulas tradicionales pueden ser de gran ayuda.

Cuando es bien personal, la oración privada es espontánea o improvisada, y algunas veces sin palabras. Sin embargo, las personas que oran frecuentemente hallan ayuda práctica en las fórmulas para comenzar a orar y para expresar la fe que comparten con el pueblo de Dios. Por eso, ofrecemos algunas de las fórmulas predilectas de la devoción católica, refinadas a través de los años. Estas oraciones expresan toda la cadena de actitudes en la oración: adoración, acción de gracias, petición y reparación. En esta sección también ofrecemos un método sugerido de oración meditativa privada [2700-2704].

# 1. La Señal de la Cruz

[232-237]

En el nombre del Padre y del Hijo y del Espíritu Santo. Amén. *(Se dice al comenzar y al terminar la oración.)*

# 2. El Padre Nuestro (La Oración del Señor)

[2759-2865]

Padre nuestro, que estás en el cielo, santificado sea tu nombre; venga a nosotros tu reino, hágase tu voluntad en la tierra como en el cielo. Danos hoy nuestro pan de cada día; perdona nuestras ofensas como también nosotros perdonamos a los que nos ofenden; no nos dejes caer en la tentación, y líbranos del mal. Amén.

# 3. El Ave María

[2676, 2677]

Dios te salve, María; llena eres de gracia, el Señor es contigo. Bendita tú eres entre todas las mujeres y bendito es el fruto de tu vientre, Jesús. Santa María, Madre de Dios, ruega por nosotros pecadores ahora y en la hora de nuestra muerte. Amén.

# 4. Oración de Alabanza (Gloria al Padre...)

[2639-2643]

Gloria al Padre, al Hijo y al Espíritu Santo; como era en el principio, ahora y siempre, por los siglos de los siglos. Amén.

# 5. El Credo Nicea

[198-1065]

Creo en un solo Dios, Padre Todopoderoso, Creador del cielo y de la tierra, de todo lo visible y lo invisible. Creo en un solo Señor, Jesucristo, Hijo único de Dios, nacido del Padre antes de todos los siglos: Dios de Dios, Luz de Luz, Dios verdadero de Dios verdadero, engendrado, no creado, de la misma naturaleza del Padre, por quien todo fue hecho; que por nosotros, los hombres, y por nuestra salvación bajó del cielo, y por obra del Espíritu Santo se encarnó de María, la Virgen, y se hizo hombre;

y por nuestra causa fue crucifado en tiempos de Poncio Pilato; padecío y fue sepultado, y resucitó al tercer día, según las Escrituras, y subió al cielo, y está sentado a la derecha del Padre; y de nuevo vendrá con gloria para juzgar a vivos y muertos, y su reino no tendrá fin. Creo en el Espíritu Santo, Señor y dador de vida, que procede del Padre y del Hijo, que con el Padre y el hijo recibe una misma adoración y gloria, y que habló por los profetas. Creo en la Iglesia, que es una, santa, católica y apostólica. Confieso que hay un solo Bautismo para el perdón de los pecados. Espero la resurrección de los muertos y la vida del mundo futuro. Amén.

## 6. El Símbolo de los Apóstoles

[198-1065]

Creo en Dios, Padre Todopoderoso, Creador del cielo y de la tierra. Creo en Jesucristo, su único Hijo, Nuestro Señor, que fue concebido por obra y gracia del Espíritu Santo, nació de Santa María Virgen, padeció bajo el poder de Poncio Pilato, fue crucificado, muerto y sepultado, descendió a los infiernos, al tercer día resucitó de entre los muertos, subió a los cielos y está sentado a la derecha de Dios, Padre todopoderoso. Desde allí ha de venir a juzgar a vivos y muertos. Creo en el Espíritu Santo, la santa Iglesia católica, la comunión de los santos, el perdón de los pecados, la resurrección de la carne y la vida eterna. Amén.

## 7. Oración de la Mañana

[2659-2660]

Santísima y adorada Trinidad, un solo Dios en tres personas, te alabo y te doy gracias por todos los favores que he recibido de ti. Tu bondad me ha protegido siempre. Te ofrezco todo mi ser y particularmente todos mis pensamientos, palabras y obras, al igual que todas las pruebas que sufra este día. Dales tu bendición. ¡Qué las anime tu amor divino y que sirvan para darte mayor gloria!

Hago esta ofrenda de la mañana unido a las intenciones divinas de Jesucristo, el cual se ofrece diariamente en el santo sacrificio de la Misa, y unido a María, su virgen Madre y nuestra Madre, quien siempre fue la sierva fiel del Señor. Amén.

*o*

Dios todopoderoso, agradezco todas tus bendiciones en el pasado. Hoy me ofrezco a mí mismo —todo lo que haga, diga o piense— todo lo encomiendo a tu cuidado. Sigue dándome tu bendición.

Hago esta ofrenda de la mañana unido a las intenciones divinas de Jesucristo, el cual se ofrece diariamente en el santo sacrificio de la Misa, y unido a María, su virgen Madre y nuestra Madre, quien siempre fue la sierva fiel del Señor. Amén.

*Los siguientes actos de fe, esperanza, caridad y contrición pueden usarse como oración de la mañana o de la noche.*

## 8. Acto de Fe
### [1814-1816, 2656]

Oh, Dios mío, creo firmemente que eres un solo Dios en tres personas divinas, Padre, Hijo y Espíritu Santo; creo que tu Hijo divino se hizo hombre y murió, por nuestros pecados, y que vendrá a juzgar a los vivos y a los muertos. Creo ésta y todas las verdades que la Iglesia católica enseña, porque tú las has revelado y ni engañas ni puedes ser engañado. Amén.

## 9. Acto de Esperanza
### [1817-1821, 2657]

Oh, Dios mío, confío en tu infinita bondad y en tus promesas, y espero obtener el perdón de mis pecados, la ayuda de tu gracia y la vida eterna, por los méritos de Jesucristo, mi Señor y Redentor. Amén.

## 10. Acto de Caridad
### [1822-1829, 2658]

Oh, Dios mío, te amo sobre todas las cosas con todo mi corazón y con toda mi alma, porque eres bueno y digno de mi amor. Amo a mi prójimo como a mi mismo por amor a ti. Perdono a quienes me han injuriado y pido perdón a cuantos haya ofendido. Amén.

## 11. Acto de Contrición

[1450-1460]

Dios mío, con todo mi corazón me arrepiento de mis pecados. Al elegir el mal y omitir el bien, he pecado contra ti, a quien amo sobre todas las cosas. Propongo firmemente, con la ayuda de tu gracia, hacer penitencia, no volver a pecar y evitar lo que me conduce al pecado. Nuestro salvador Jesucristo sufrió, y murió por nosotros. En su nombre, Señor, apiádate de mí. Amén.

o

Oh, Dios mío, me arrepiento de mis pecados porque te he ofendido. Sé que debo amarte sobre todas las cosas. Ayúdame a hacer penitencia, a mejorar y a evitar todo lo que me conduce al pecado. Amén.

o

Cualquier oración espontánea que indica tu arrepentimiento, prometiéndole a Dios enmendar tus caminos y evitar lo que te conduce al pecado, es un buen acto de contrición.

## 12. Ven, Espíritu Santo

[2670-2672]

Ven, Espíritu Santo.
**R.** *Llena los corazones de los fieles y enciende en ellos el fuego de tu amor.*
Envía tu Espíritu y todo será de nuevo creado.
**R.** *Y renovarás la faz de la tierra.*
Oremos: Oh Dios, que has instruído los corazones de los fieles con la luz del Espíritu Santo, concédenos a través del mismo Espíritu que gocemos siempre de su divino consuelo. Por Cristo nuestro Señor. Amén.

## 13. Angelus

[973, 2617]

El ángel del Señor anunció a María.
**R.** *Y ella concibió por obra y gracia del Espíritu Santo. (Dios te salve…)*
He aquí la esclava del Señor.
**R.** *Hágase en mí según tu palabra. (Dios te salve…)*

Y el verbo se hizo hombre.

**R.** *Y habitó entre nosotros. (Dios te salve...)*

Ruega por nosotros, santa Madre de Dios.

**R.** *Para que seamos dignos de alcanzar las promesas de Cristo.*

Oremos: Dios mío, por la anunciación del ángel supimos de la encarnación de Cristo, tu Hijo. Derrama tu gracia sobre nuestros corazones y por su pasión y cruz, condúcenos a la gloria de su resurrección. Por Cristo nuestro Señor. Amén.

## 14. Reina del Cielo

[972-975, 2617-2622]

*(Esta oración se dice durante la Pascua, en lugar del Angelus.)*

Reina del Cielo, alégrate, aleluya.

**R.** *Porque el Señor a quien has merecido llevar en tu seno, aleluya, ha resucitado según su palabra, aleluya. Ruega al Señor, por nosotros, aleluya.*

Alégrate, Virgen María, aleluya.

**R.** *Porque ha resucitado el Señor, aleluya.*

Oremos: Oh Dios, que has alegrado al mundo por la resurrección de tu Hijo, nuestro Señor Jesucristo: concédenos, por la intercesión de la Virgen María, su Madre, alcanzar el gozo eterno. Por el mismo Jesucristo, nuestro Señor. Amén.

## 15. Bendición Antes y Después de la Comida

[2698]

Bendícenos, Señor, y estos alimentos que vamos a recibir de tu generosidad, por Cristo, nuestro Señor. Amén.

Te damos gracias por todos tus beneficios, Dios todopoderoso, que vives y reinas por los siglos de los siglos. Que las almas de los fieles difuntos, por la misericordia de Dios, descansen en paz. Amén. *(También se pueden usar oraciones espontáneas a la hora de la comida.)*

## 16. Memorare

[2673-2675, 2679]

Acuérdate, oh piadosísima Virgen María, que jamás se ha oído decir que ninguno de los que han acudido a tu protección, implorado tu asistencia y reclamado tu auxilio, haya sido desamparado. Animados con esta confianza, a ti también acudimos, oh Virgen y Madre y, aunque afligidos bajo el peso de nuestros pecados, nos atrevemos a presentarnos ante tu presencia soberana. No desdeñes, oh Madre de Dios, nuestras súplicas; antes bien, escúchalas y dígnate acogerlas favorablemente. Amén.

## 17. Oración por las Vocaciones

[914-933, 2004]

Jesús, eterno redentor y sumo sacerdote, te pedimos que llames a los jóvenes a tu servicio como sacerdotes, religiosos y religiosas. Que sean inspirados por la entrega de sacerdotes, hermanos y hermanas. Brinda a sus padres generosidad y confianza en ti y en sus hijos, para que sus hijos e hijas puedan elegir su vocación con sabiduría y libertad.

Señor, tú nos dijiste: "La cosecha es mucha y los obreros pocos. Pidan, pues, al Señor de la cosecha, que mande obreros a su cosecha". Te pedimos que nos hagas saber la vocación a la que nos llamas. Te pedimos especialmente por quienes son llamados a ser sacerdotes, hermanos o hermanas; por quienes ya has llamado, por quienes sigues llamando ahora y por quienes llamarás en el futuro. Que sean receptivos y respondan a tu llamado de servir a tu pueblo. Te lo pedimos por Cristo, nuestro Señor. Amén.

## 18. Oración a Cristo Crucificado

[618]

Amado y buen Jesús, postrado en tu santísima presencia, te ruego con el mayor fervor, imprimas en mi corazón vivos sentimientos de fe, esperanza y caridad, verdadero dolor de mis pecados y un propósito de enmienda firmísimo, mientras que con todo el amor y con gran pesar en mi alma, voy considerando tus cinco llagas, teniendo presente aquello que dijo de ti, oh buen Jesús, el profeta David: "Han taladrado mis manos y mis pies, y se pueden contar todos mis huesos" (Salmo 22,17-18).

## 19. El Rosario de María

[971, 1674, 2678, 2708]

El rosario completo tiene quince décadas, pero se divide en tres partes, cada cual con cinco décadas. La primera consiste de los misterios gozosos de la vida de Jesús y María, la segunda parte conmemora cinco misterios dolorosos y la tercera parte recuerda cinco misterios gloriosos.

Comenzamos con la señal de la cruz.

Entonces se dice el *Credo de los Apóstoles*, un *Padrenuestro*, tres *Ave Marías y un Gloria al Padre*, en la cadenita corta de donde pende el crucifijo.

Luego menciona y conmemora el misterio, y di un *Padrenuestro,* diez *Ave Marías y un Gloria al Padre. Así se completa una década. Todas* las demás se dicen del mismo modo, conmemorando un misterio distinto en cada década. Al terminar el rosario, se reza la *Salve.*

Los misterios del rosario son escenas de la vida de Jesús y María. Meditando estos misterios podemos entender mejor nuestra religión: la encarnación del Señor, la redención y la vida cristiana del presente y el futuro.

En los misterios siguientes, las palabras en paréntesis indican la aplicación práctica a nuestra vida diaria.

### *Misterios Gozosos*

1. La Encarnación del Hijo de Dios. (Humildad)
2. La Visitación de María Santísima a su prima Isabel. (Amor al prójimo)
3. El Nacimiento de nuestro Señor Jesucristo. (Espíritu de pobreza)
4. La Presentación del Hijo de Dios en el Templo. (Obediencia a la voluntad de Dios)
5. El Niño Jesús, Perdido y Hallado en el Templo. (Fidelidad a nuestra vocación)

### *Misterios Dolorosos*

1. La Oración de Jesús en el Huerto de Getsemaní. (Espíritu de oración)
2. La Flagelación de Cristo, atado a la Columna. (Modestia y pureza)
3. La Coronación de Espinas. (Valentía)
4. Jesús con la Cruz a Cuestas. (Paciencia en el sufrimiento)
5. La Crucifixión y Muerte del Redentor. (Abnegación)

### *Misterios Gloriosos*

1. La Resurrección de nuestro Señor Jesucristo. (Fe)
2. La Ascensión de Jesucristo a los Cielos. (Esperanza)
3. La Venida del Espíritu Santo el día de Pentecostés. (Sabiduría, amor, celo, fortaleza)
4. La Asunción de la Santísima Virgen María en cuerpo y alma a los cielos. (Felicidad eterna)
5. La Coronación de María Santísima como Reina y Señora de cielos y tierra. (Devoción a María y perseverancia final)

# 20. Dios Te Salve, Reina y Madre

[963-975, 2617-2622, 2672-2675]

Dios te salve, Reina y Madre de misericordia, vida dulzura y esperanza nuestra. Dios te salve. A ti llamamos los desterrados hijos de Eva; a ti suspiramos gimiendo y llorando en este valle de lágrimas. Ea, pues, Señora, abogada nuestra, vuelve a nosotros esos tus ojos misericordiosos. Y después de este destierro, muéstranos a Jesús, fruto bendito de tu vientre. ¡Oh clementísima! ¡Oh piadosa! ¡Oh dulce Virgen María! Ruega por nosotros, Santa Madre de Dios.

R. Para que seamos dignos de alcanzar las promesas de nuestro Señor Jesucristo.

Oremos: Dios todopoderoso, tu único Hijo con su vida, muerte y resurrección obtuvo para nosotros los gozos del cielo. Concédenos, te pedimos, que al meditar sobre estos misterios del rosario, podamos imitar su contenido y obtener lo que prometen, por Jesucristo nuestro Señor. Amén.

## 21. Oración a Nuestro Redentor
[1381]

Alma de Cristo, santifícame. Cuerpo de Cristo, sálvame. Sangre de Cristo, embriágame. Agua del costado de Cristo, lávame. Pasión de Cristo, confórtame. Oh buen Jesús, óyeme. Dentro de tus llagas, escóndeme. No permitas que me aparte de ti. Del enemigo malo, defiéndeme. En la hora de mi muerte, llámame. Y mándame ir a ti, para que con tus santos te alabe, por los siglos de los siglos. Amén.

## 22.Via Crucis
[617, 1647]
### (Meditaciones sobre la Pasión y Muerte de Jesús)

1. Jesús condenado a muerte.
2. Jesús con la cruz a cuestas.
3. Jesús cae por primera vez.
4. Jesús encuentra a su Madre.
5. Simón, el cirineo, ayuda a llevar la cruz.
6. Verónica enjuga el rostro de Jesús.
7. Jesús cae por segunda vez.
8. Jesús y las mujeres de Jerusalén.
9. Jesús cae por tercera vez.
10.Jesús despojado de sus vestiduras.
11.Jesús es crucificado.
12.Jesús muere en la cruz.
13.Jesús bajado de la cruz.

14.Jesús es sepultado.

15.La resurrección.

*(En cada estación contempla la escena, e improvisa una oración corta y sincera.)*

## 23. Oración al Angel Guardián

[335, 336, 350-352]

Angel de Dios, mi amado guardián, cuyo amor me protege. No me desampares ni de noche ni de día. Ilumíname, cuídame, guíame. Amén.

## 24. Oración por los Fieles Difuntos

[958, 1032]

Dales, Señor, el descanso eterno.

**R.** *Brille para ellos la luz perpetua.*

Que las almas de los fieles difuntos, por la misericordia de Dios, descansen en paz.

**R.** *Amén.*

## 25. Oraciones Litúrgicas de la Misa

[1145-1162, 1345-1355]

Toda Misa no sólo es acción de Cristo sino también de su Iglesia. Por ser el acto central de adoración de los católicos, exige participación comunitaria [1324-1326]. Dios te habla por medio de su revelación; tú le contestas por medio de tus oraciones, tus canciones, tus respuestas [1157, 1158, 156, 1357]. Le ofreces tus dones y te ofreces a ti mismo. El se ofrece a sí mismo (por medio del sacerdote) en sacrificio incruento. Y, ya que la Misa también es un banquete sagrado, tú lo recibes a él como alimento para tu espíritu [1382-1390].

Para ayudarte a entender mejor la Misa y para participar más plenamente, estudia el siguiente orden de la Misa.

# 26. Ordinario de la Misa (Oración Comunitaria)

[1345-1355]

Ritos Iniciales
>  Canto de Entrada
>  Saludo
>  Acto Penitencial
>  Gloria — Himno de Alabanza
>  Oración de Entrada

## LITURGIA DE LA PALABRA

(Escuchamos y respondemos a la Palabra de Dios.)
>  Primera Lectura
>  Salmo Responsorial
>  Segunda Lectura
>  Aleluya o Aclamación antes del Evangelio
>  Evangelio
>  Homilía
>  Profesión de Fe (Credo)
>  Oración de los Fieles

## LITURGIA DE LA EUCARISTIA

(Ofrecemos a Jesús al Padre.)
>  Presentación de las ofrendas del pan y el vino
>  Oración sobre las ofrendas
>  Plegaria Eucarística
>  (Nuestros dones de pan y vino se convierten en el Cuerpo y
>  la Sangre de Cristo.)
>  Aclamación Memorial
>  Padre nuestro — Oración del Señor
>  Señal de la Paz — La Paz de Cristo
>  Fracción del Pan
>  Comunión
>  Oración después de la Comunión
>  Rito de Conclusión

Bendición
Despedida

# 27. Método de Meditación (Oración Privada)

[2705-2708, 2723]

## I. Preparación

Trata de mantenerte consciente de Dios en tu rutina diaria. Trata de recordar esta verdad frecuentemente: Dios está en todas partes y quiere mi bienestar.

Haz un acto de fe en la presencia de Dios al comenzar tu meditación. Pídele perdón por todas tus faltas. Pídele ayuda en tu meditación. Incluye una oración a la Virgen María y a otros santos favoritos pidiéndoles ayuda.

## II. Reflexión

Lee la Biblia o algún libro espiritual por unos minutos. Pregúntate: *¿Qué he leído? ¿Qué me enseña? ¿Cómo he actuado hasta ahora? ¿Qué haré en el futuro?*

La ventaja de la meditación no consiste en el pensar, sino más bien en la oración que le sigue; por eso, trata de dedicar la mayor parte de tu meditación a las afecciones (breves oraciones del corazón), peticiones (solicitando ayuda de Dios) y resoluciones (planes prácticos para cambiar tu vida con la ayuda de Dios).

*Afecciones:* "Señor, me arrepiento de haberte ofendido". "Gracias por las bendiciones que me has dado". "Quiero amarte sobre todas las cosas". "Te alabo, Señor". "Hágase tu voluntad". "Confío en ti, Señor".

*Peticiones:* Pide por tus necesidades: por ejemplo, el perdón de tus pecados, mayor confianza, asistencia en una situación difícil, gracias específicas para perdonar a alguien, paciencia, el don de una muerte santa.

*Resoluciones:* Que sean cortas y específicas: por ejemplo, evitar el chisme con…, ser gentil con…, no perder la paciencia con…, ser fiel en la oración.

## III. Conclusión
(1) Dale gracias a Dios por las revelaciones y bendiciones que recibiste durante la meditación, (2) repite tus resoluciones, (3) pide ayuda para perseverar en tus resoluciones y (4) piensa en una oración breve o reflexión corta y repítela con frecuencia durante el día.

### Más Sugerencias para la Oración Meditativa
[2709-2719, 2724]

1. No seas tú el único que hable. Detente, escucha al Señor. Las inspiraciones que él nos da son valiosísimos sentimientos o pensamientos que "oyes" en tu corazón.
2. No trates de *sentir* los actos de amor o las otras afecciones. Estos son actos de tu voluntad, y generalmente no tienen que desbordarse en la emoción. Si estás desatisfecho por las distracciones, ten paciencia. El soportar esta dificultad es parte muy valiosa de tu oración.
3. Si de vez en cuando te sientes atraído a pensar en Dios o a contemplarlo en silencio —o tienes conciencia vaga de su presencia— mantente en ese camino. Pero si te distraes, vuelve a expresar afecciones de amor, alabanza, arrepentimiento. Algunas personas logran mantener su atención en Dios repitiendo una frase, por ejemplo: "Señor Jesucristo, ten piedad de mí"; o una sola palabra, como "Dios" o "Jesús".

# 28. Bendición del Santísimo Sacramento
## (Oración a Cristo en la Eucaristía)
[1381]

Como católicos, es nuestro privilegio el participar en el ofrecimiento del sacrificio eucarístico y recibir la santa comunión. Pero otros actos devocionales ayudan a extender la presencia real de Cristo entre nosotros. Una de esas devociones es la Bendición del Santísimo Sacramento.

Cristo nos prometió permanecer *siempre* con nosotros (Mateo 28,20). La costumbre de reservar el Santísimo Sacramento creció bastante rápidamente desde el principio de la historia de la Iglesia. (Para la conveniencia de los enfermos, de modo que se les pudiera llevar la comunión.) Luego, la gente comenzó a reunirse espontáneamente en la

Iglesia para orar y adorar en la presencia de Cristo. Más tarde, la presencia de Cristo llegó a lograr tal significado en sus vidas, que pidieron que se les exhibiera la hostia montada en un trono o custodia (receptáculo ornamental). Luego añadieron oraciones y cánticos, y el sacerdote les bendecía con la hostia expuesta en la custodia.

La Bendición es un acto de adoración admirablemente sencillo y de proporciones adecuadas. Comenzamos *contemplando* la presencia de Dios entre nosotros. (La mayor parte del tiempo nos hallamos tan ocupados hablando o trabajando y viajando, que Cristo casi no tiene tiempo para hablarnos. Contemplar quiere decir que permitimos que Dios se una a nosotros.) Luego le sigue la bendición sacramental en sí: el sacerdote hace la señal de la cruz con la custodia. Finalmente, respondemos espontáneamente con palabras de alabanza y acción de gracias.

La Bendición se celebra así: mientras la congregación canta un himno de entrada (cualquier himno eucarístico), el celebrante saca la hostia del sagrario y la pone en la custodia. Luego la pone sobre el altar. Después la inciensa (acto simbólico que indica adoración) y sigue un período de contemplación en silencio o de oración pública. Luego se puede cantar un himno, como el siguiente:

Adorad postrados
    Este Sacramento.
Cesa el viejo rito.
    Se establece el nuevo.
Dudan los sentidos
    Y el entendimiento:
Que la fe supla
    Con asentimiento.
Himnos de alabanza
    Bendición y obsequio;
Por igual la gloria,
    Y el poder y el reino
Al eterno Padre,

Con el Hijo eterno
Y el divino Espíritu,
Que procede de ellos. Amén.

Entonces el celebrante dice o canta una oración como la que sigue:
*Celebrante:* Oh Dios, que en este sacramento admirable nos dejaste el memorial de tu Pasión; te pedimos nos concedas venerar de tal modo los sagrados misterios de tu Cuerpo y de tu Sangre, que experimentemos constantemente en nosotros el fruto de tu redención. Tú, que vives y reinas por los siglos de los siglos.
*Pueblo:* Amén.

El celebrante bendice al pueblo con la hostia. Luego, el pueblo recita o canta una aclamación como la que sigue [2639-2643]:

Bendito sea Dios.
Bendito sea su santo nombre.
Bendito sea Jesucristo, verdadero Dios y verdadero hombre.
Bendito sea el nombre de Jesús.
Bendito sea su Sagrado Corazón.
Bendita sea su Preciosísima Sangre.
Bendito sea Jesús en el Santísimo Sacramento del altar.
Bendito sea el Espíritu Santo.
Bendita sea la santa Madre de Dios, María Santísima.
Bendita sea su santa e Inmaculada Concepción.
Bendita sea su gloriosa Asunción.
Bendito sea el nombre de María, Virgen y Madre.
Bendito sea san José, su castísimo esposo.
Bendito sea Dios en sus santos y en sus ángeles.

# CUARTA SECCION
# VIVIENDO LA FE DE ACUERDO AL ESPIRITU DEL VATICANO II

CHARLENE ALTEMOSE, MSC

## Introducción

Nuestra fe católica nos llama a una vida de imitación de Jesús de acuerdo a la Tradición y a las enseñanzas de la Iglesia. Nosotros asentimos al creer en verdades que nuestra mente puede aceptar y al cumplir ciertos mandamientos, pero el vivir la fe significa algo más que esto. Esta sección contiene cosas prácticas que los católicos pueden hacer a diario para cumplir con lo que la Iglesia nos pide.

## 1. Encontramos a Dios en las Palabras Sagradas de las Escrituras

[101-141]

El Vaticano II, haciendo hincapié en la importancia del Antiguo y Nuevo Testamento como revelación de Dios, anima a los católicos a darle a la Biblia la importancia que se merece como parte de la fe y de la vida espiritual [103, 104].

Los católicos hoy día entienden mejor la Biblia por muchas razones. La encontramos en versiones que podemos entender. Los expertos en la Biblia han ayudado a que comprendamos las secciones que son un poco difíciles. El descubrimiento de manuscritos antiguos nos ha traído más información de la cultura, las tradiciones, la geografía y las personas de la época bíblica [119].

La liturgia también nos da una variedad de lecturas de las Escrituras en palabras que podemos entender. La educación religiosa ahora se concentra en un tipo de enseñanza basada en un "catecismo basado en el leccionario", y esta educación se basa en las lecturas de la liturgia. El aumento en el número de grupos de estudio y de programas de educación para adultos en muchas parroquias demuestran el interés de los católicos en la Biblia [131-133].

## La Naturaleza de la Biblia
### [102-112]

Aunque vemos la Biblia bajo la apariencia de un libro impreso, verdaderamente es la historia de la relación de Dios con su pueblo y la respuesta de ese pueblo. Esta experiencia de vida se ve a través de los ojos de ciertas personas que escribieron los eventos bajo la inspiración del Espíritu Santo. La Biblia trata de lo que toda relación exige: descubrimientos, dificultades, conversión, cambio y amor.

En la Bilia encontramos a personas como nosotros quienes aman, odian, cometen errores, pecan, sueñan y se desesperan. Ellos son los prototipos de cómo Dios ama a los seres humanos sin importar la situación en que se encuentran y de cómo los seres humanos se relacionan con Dios. Aunque la época y la cultura son diferentes, podemos envolvernos en el drama bíblico e identificarnos con las personas que conocemos en sus páginas [105-108].

La Biblia no es una colección estática de cuentos del pasado. Más bien es el Señor que nos habla hoy día. La Biblia es algo muy útil para profundizar nuestra relación amorosa con el Señor [101-104].

Los católicos creen que la Biblia es la Palabra inspirada de Dios escrita con palabras de autores humanos, quienes fueron inspirados por el Espíritu Santo y seleccionaron una forma, un estilo y un género literarios que comunicaron muy bien la experiencia del Señor. A estos escritores del pasado les importaba más comunicar lo que los eventos significaban que los detalles exactos: el *por qué* más que el *qué* [109-112].

## El Reto del Fundamentalismo
[115-119]

Aunque los católicos consideran la Biblia como parte de la tradición viva, algunos cristianos consideran la Biblia sólo como una fuente de la fe. Para ellos, todas las verdades fundamentales están en las Escrituras, por eso es que se llaman *fundamentalistas*. A menudo ellos retan, y en su entusiamo tratan de cambiar la fe de los que no creen lo que ellos creen [108].

Los fundamentalistas creen que Dios ha dictado las palabras exactas de la Biblia, que la Biblia es la única manera en que Dios se ha revelado y que la totalidad de la doctrina se encuentra y se puede probar en la Biblia. Sin considerar las formas literarias que los autores de las Escrituras usaron, los fundamentalistas interpretan la Biblia literalmente y se rehusan a considerar el factor humano en la compilación de las Escrituras [110].

¿Cómo puedes tratar a los fundamentalistas tan entusiastas?

(1) Ten confianza y familiarízate con tu propia fe para que no te sientas amenazado por otras interpretaciones. (2) Escucha lo que los fundamentalistas dicen sin ponerte a la defensiva. (3) Pregúntales acerca de su compromiso con la fe. Así harás que ellos se concentren en su fe y no en la tuya.

Una respuesta tal como "Entiendo lo que dices, pero no estoy de acuerdo contigo" afirma tu punto de vista sin hostilidad y protege tu derecho a una opinión. Si la persona insiste en expresar su opinión, sé cortés, pero firme también. No trates de replicar con otra cita de la Biblia cada vez que te diga una. Los católicos deberían imitar y admirar el entusiasmo de los fundamentalistas, pero no sus métodos o sus opiniones.

## La Biblia como el Alimento Espiritual Ideal
[131-133]

El leer la Biblia es una manera muy efectiva de experimentar la presencia del Señor en tu vida. La Biblia es la Palabra Viva, y Dios continúa revelándose hoy por medio de las Escrituras. Estas guías prácticas pueden ayudar a los católicos a usar las Escrituras de una manera más significativa.

- Haz un esfuerzo consciente de escuchar atentamente las lecturas de la Biblia durante la Liturgia de la Palabra. Esto no sólo ayuda a aumentar tu apreciación de las Escrituras, sino que también contribuye hacia una espiritualidad más profunda y una liturgia que tiene más significado.
- Reserva unos minutos todos los días para reflexionar al leer la Biblia. Considera esto como un alimento espiritual necesario. Usa una Biblia que puedas marcar y subrayar. Empieza y termina cada lectura con una oración. Para mejor entender las secciones difíciles, lee la introducción del libro que estás leyendo. ¿Quién lo escribió? ¿Por qué fue escrito? ¿Cuáles eran las costumbres culturales y religiosas de la época cuando se escribió el libro?
- Selecciona secciones con las que puedes relacionarte y escucha lo que Dios te dice. Imagina la escena, el lugar y las personas. Usa todos tus sentidos: la vista, el olfato, el tacto, el oído y el paladar. Sitúate en ese lugar. Pregúntate: "¿Qué significa esta sección para mí en mi situación actual? ¿Qué me enseña a creer? ¿Cómo me ayuda a cambiar? ¿Cómo mejora mi relación con Dios y con los demás?" Puedes simplemente conversar con Dios o escucharlo y disfrutar de su presencia. Quizás parte de lo que lees tenga significado especial para ti. Si así sucede, dedícale unos minutos a esa inspiración. Esto será suficiente.
- Comparte las Escrituras con otras personas. Unete a un grupo bíblico de estudio dirigido por alguien que tenga conocimiento de las Escrituras y la experiencia para explicar secciones un poco difíciles. Ten presente que la Biblia le dice cosas distintas a las personas y que las aplicaciones varían.

La Biblia es algo dinámico. En cada página Dios se envolverá en nuestras vidas de una manera inexplicable.

## La Oración Antes de Leer la Biblia
[131-133]

Padre nuestro, que estás en el cielo, tu Palabra es sagrada. Venga tu reino, que tus palabras sean oídas en la tierra como en el cielo. Danos hoy tu Palabra sagrada. Perdona que la hayamos olvidado en el pasado como perdonamos a los que nos olvidan. Llévanos a un encuentro contigo cada vez que leamos las Escrituras. Porque tu presencia, tu poder y tu gloria siempre están con nosotros hoy y siempre. Amén.

### La Oración Después de Leer la Biblia

Señor, te doy gracias por estar presente de una manera especial durante estos minutos. Te doy gracias por la oportunidad de conocerte y conocer tu voluntad mejor. Abre mi corazón para que practique lo que me has revelado. Gracias, Señor, por el don y el amor de tu Palabra sagrada. Amén.

## 2. Le Damos Culto al Señor en la Liturgia y los Sacramentos

[1136-1209, 1322-1419]

### Liturgia

[1136-1209]

Aunque los católicos oran de diferentes maneras, la misa es el alma del culto católico. En esta sección vamos a examinar los cambios externos, actitudes y maneras prácticas de hacer que la Misa sea una celebración más significativa [1324-1327].

En la *Misa* nos reunimos para ofrecer culto como un pueblo y una comunidad porque se nos envía en una "misión" para predicar la Buena Nueva. Nos referimos a la Misa también como *liturgia, el culto del pueblo*, o *Eucaristía*, palabra que significa "acción de gracias". A través de los años, la Misa cambió de una simple comunidad reunida a un culto ritual celebrado exclusivamente por el sacerdote. Para eliminar la distancia entre el sacerdote y el pueblo y para promover una mayor participación del laicado, el Vaticano II inició cambios, variedad y opciones en el culto eucarístico [1328-1333].

El altar del sacrificio, el punto céntrico del culto, ahora está colocado para que el sacerdote esté de frente a la comunidad [1182, 1383]. El lenguaje del pueblo reemplaza el latín. Las personas laicas ahora leen las Escrituras, leen anuncios y ofrecen peticiones, los ministros eucarísticos distribuyen la comunión, los músicos dirigen a la congregación en los cantos. Otras personas traen las ofrendas al altar. La congregación también responde en alta voz durante la Misa y canta. Aunque el que preside y los ministros que le ayudan dan las pautas, todos los que participan tienen la responsabilidad de celebrar el culto [903, 1143]. Las observaciones que siguen pueden contribuir a que la liturgia sea una gran experiencia de fe a nivel personal y comunitario.

## Guías Prácticas para Participar en la Liturgia
[1345-1355]

La Misa es una oportunidad para ofrecer culto y honrar a Dios. Junto con el sacerdote ofrecemos el regalo más precioso que podemos ofrecer, el Señor. Mientras esperamos que empiece la Misa, podemos ofrecerle al Señor las preocupaciones de todos los que ofrecen el culto con nosotros. Así haremos que la Misa sea una verdadera celebración comunitaria. Oramos y cantamos juntos y guardamos momentos de silencio juntos. (Las devociones privadas, como lo dice la palabra, no son apropiadas para la Misa.)

Debemos escuchar las Escrituras con mucha atención; el Señor nos habla. Rezamos el Credo y renovamos nuestro compromiso bautismal. Nos ofrecemos y le ofrecemos nuestros dones al Señor y nos unimos al aclamar la presencia sacramental de Cristo y del Padre. Debemos ofrecernos a los que nos rodean en verdadera reconciliación durante el saludo de la paz. Creemos con todo nuestro corazón que el Señor verdaderamente sana: "… pero una palabra tuya bastará para sanarme". Cuando recibimos la comunión, nuestro "Amén" dice, "Sí, Señor, creo en ti; haz que yo mejore". La liturgia nos trae la presencia sacramental de Cristo entre nosotros. La bendición final, "Vayan en paz", nos manda a continuar la misión de Cristo.

Mientras más activos y atentos estemos en la Misa, mayor será la intensidad de la presencia de Cristo en el mundo. La liturgia eucarística, sin importar cuán solemne o sencilla, es el regalo perfecto que Dios nos hace. Es nuestro esfuerzo humano e imperfecto de "Hagan esto en conmemoración…" y de celebrar en rito y en símbolo el misterio divino de la presencia sacramental de Cristo.

# Los Sacramentos
[1113-1134, 1210-1666]

Con ritos y símbolos celebramos en los siete sacramentos la presencia especial del Señor en nuestras vidas. La vida sacramental de la Iglesia es una parte íntegra de nuestra fe católica [1076].

Los sacramentos son momentos en que Dios toca nuestras vidas de una manera especial y también momentos de crecimiento en nuestra relación con Dios [1533]. Los sacramentos de iniciación —el Bautismo, la Confirmación y la Eucaristía— son momentos para empezar de nuevo, para volver a comprometernos con mayor fuerza espiritual [1212]. Los momentos de sanación se experimentan en la reconciliación o sacramento de la penitencia y en la unción de los enfermos [1420, 1421]. Los compromisos de vocación son celebrados sacramentalmente en el matrimonio y las órdenes sagradas [1534, 1535].

La vida sacramental nos llama a una conversión continua. Siempre estamos en camino a una mayor unión con Dios. Por medio de los sacramentos respondemos al deseo del Señor de siempre estar con nosotros, especialmente en los momentos más importantes de nuestra jornada de fe [1123].

Los sacramentos no son ni momentos aislados ni mágicos. Son la presencia continua de Cristo en el mundo. Mientras más intensa sea nuestra vida sacramental, mayor será nuestro testimonio cristiano. La liturgia y la vida están muy unidas [1124].

A través de los años, la verdadera naturaleza de algunos de los sacramentos se nubló un poco debido a rituales adicionales o a una teología desequilibrada. El Concilio Vaticano Segundo pidió una revisión de los ritos sacramentales para que su propósito original y su esencia fueran más obvios [1125, 1126].

***Los sacramentos de iniciación.*** En la Iglesia primitiva, el Bautismo, la Confirmación y la Eucaristía se consideraban como un ritual cuando los nuevos miembros se iniciaban en la Iglesia [1212]. Cuando el bautismo de los bebés se convirtió en la norma en la Iglesia occidental, los sacramentos de iniciación se conviertieron en tres rituales separados pero continuaron como una sola ceremonia en los ritos orientales [1252]. El Vaticano II revisó el rito de los sacramentos de iniciación para que la cadena formada por el Bautismo, la Confirmación y la Eucaristía se estableciera de nuevo. Este cambio es más evidente cuando los adultos que han pasado por el programa del RICA se convierten en católicos y reciben los sacramentos de la iniciación en la vigilia de la Resurrección [1247-1249].

*El bautismo.* Aunque la Iglesia ha practicado el bautismo de los infantes desde hace siglos, el Vaticano II cambió su posición teológica en cuanto al sacramento. El rito del bautismo para niños que se usa ahora hace hincapié en el papel de los padres [1250-1252]. Cuando se bautiza a un niño, los padres le transmiten una tradición y una herencia que valoran. Antes de traer a un niño a ser bautizado, la Iglesia requiere que los padres reciban instrucción, sean católicos practicantes y que conozcan el significado del bautismo y su responsabilidad de ser los maestros principales de la fe de su hijo o hija [2226, 2252, 2253].

*La confirmación.* Después que la confirmación se convirtió en un rito aparte, era costumbre considerarla como un sacramento de madurez. Se empezó a recibir más tarde, casi siempre después de los doce años. Actualmente, las costumbres varían, especialmente en cuanto a la edad cuando se recibe porque la confirmación se rige por normas diocesanas [1307, 1308, 1318].

*El sacramento de la penitencia (reconciliación).* El nuevo rito de la reconciliación enfatiza la presencia sanadora de Cristo. Ya no sólo es el mencionar pecados específicos, sino un perdón compasivo de los pecados en una actitud de arrepentimiento. Los penitentes pueden optar por recibir el sacramento de una forma anónima en el confesionario o cara a cara en el salón de reconciliación [1441, 1442].

*La unción de los enfermos.* La unción de los enfermos da fuerza espiritual y sanación a aquellos que son envejecientes o están enfermos.

Ya no se le llama "la extrema unción", recibiéndose sólo por aquellas personas que están en peligro de muerte. Se puede recibir en cualquier momento durante una enfermedad. Las parroquias tienen unciones comunales para demostrar una solidaridad compasiva por los enfermos y para experimentar y celebrar corporalmente la presencia sanadora de Cristo [1499-1532].

**Las órdenes sagradas.** El *Decreto sobre el ministerio y la vida de los presbíteros* reconoce que "las circunstancias pastorales y humanas de los sacerdotes han cambiado totalmente". Como el líder de la comunidad de fe, el sacerdote es responsable de implementar las reformas del Vaticano II a nivel local. Esto exige que modifique los estilos de liderazgo, que trabaje en colaboración con el laicado y que modernice y se ajuste a modelos nuevos. El sacerdote hace el trabajo de Cristo y en su ministerio refleja las cualidades compasivas y sanadoras de Cristo [1562-1566].

## 3. Servimos al Señor en el Ministerio

[897-913]

La fe católica vive hoy porque en cada época las personas fieles a su compromiso bautismal respondieron al llamado, "Ya que cada uno ha recibido algún don espiritual, úsenlo para el bien de los demás; hagan fructificar las diferentes gracias que Dios repartió entre ustedes" (1 Pedro 4,10). El ministerio de Cristo continuó; la Iglesia creció.

Cuando pensamos en la palabra ministerio, casi siempre pensamos en lo que hacemos y cómo servimos. Pero contrario a otros trabajos, "el ministerio en servicio a la Iglesia" es la respuesta a un llamado especial. Hay una realidad presente más profunda, una dimensión sagrada que es trinitaria: creativa, redentora y santificante.

*Creativa.* Dios Padre en la creación se ofreció muy generosamente, difundiendo su presencia con su amor infinito. El, por lo tanto, le dio a toda la creación su bondad infinita. Somos llamados a compartir nuestros dones, ofreciéndonos en amor a los demás, guiando nuestros dones y usándolos para el beneficio de los demás y el crecimiento del Reino de Dios [279-324].

*Redentora*. Jesús siendo Dios y hombre unió perfectamente las dicotomías de lo divino y lo humano en sí mismo. El respondió a todas las necesidades humanas y por último a la necesidad de la redención. El fue modelo de trabajo en equipo en su ministerio, dependiendo de otros y trabajando con ellos. El ministerio de la redención responde a las necesidad de todos. Es tanto hombres como mujeres, clérigos y laicos, viejos y jóvenes, ricos y pobres trabajando juntos hacia una misma meta: el edificar el Cuerpo de Cristo [456-460, 535-560].

*Santificante*. El Espíritu Santo da vida y energía a la Iglesia, dando crecimiento e ímpetu espiritual. Por medio de la presencia del Espíritu, los ministerios tienen una realidad más profunda, una actitud llena de vida. El papel del Espíritu es vital porque los elementos de una presencia amante y compasiva son esenciales para cualquier ministerio [683-688].

Aquí tienen algunas maneras prácticas para aplicar estas cualidades espirituales a nivel de la parroquia para tener ministerios más efectivos.

Antes del Vaticano II, los sacerdotes eran los únicos responsables de la parroquia. Hoy día, la vida de la Iglesia es la responsabilidad de todas las personas. Las necesidades varían dependiendo del lugar y de la parroquia. El compromiso del laicado también varía, dependiendo de si hay sacerdotes, de si están dispuestos a dejar que los laicos participen más de lleno y de la iniciativa y la cooperación de las personas. Los consejos parroquiales, obligatorios en algunas diócesis, aconsejan al párroco en cuanto a la administración de la parroquia [911].

El liderazgo laico debe animarse y apoyarse. Cada parroquia tiene que determinar sus necesidades y organizar ministerios de acuerdo a las mismas. La variedad de los ministerios es tanta como las necesidades humanas. Dondequiera que pidan apoyo y compasión, dondequiera que existan heridas que necesitan sanación, hay ministerios. Los ministerios parroquiales generalmente se agrupan en estas áreas: sacramental, educacional, administrativo y pastoral [898-913].

Aunque el propósito de los ministerios nunca cambia, la manera en que se cumple la misión de Cristo sí cambia con el tiempo. Nuevas técnicas, actitudes, medios y habilidades son necesarios para tener ministerios productivos y efectivos en la Iglesia hoy día.

## El Diaconado Permanente
[1569-1571, 1596]

Una de las maneras en que los católicos pueden participar más directamente en el ministerio es a través del diaconado. Los diáconos desempeñaban un papel muy importante en la Iglesia primitiva. Sin embargo, la necesidad de tener diáconos permanentes disminuyó con el tiempo y el diaconado permaneció inactivo por muchos siglos. El Vaticano II, reconociendo el valor del diaconado permanente para la Iglesia de hoy, lo reanudó.

Después de un período de formación, hombres casados o célibes pueden ser ordenados diáconos y recibir las órdenes sagradas. Sin embargo, el diaconado permanente es un ministerio en sí y no el paso anterior al sacerdocio, como lo es el diaconado de transición. El obispo nombra a un diácono permanente a desempeñar trabajos litúrgicos y pastorales en parroquias o en instituciones diocesanas. El puede ayudar en las liturgias, puede bautizar, dar homilías y dirigir otros servicios, a tiempo completo o parte del tiempo, teniendo un trabajo en otro lugar. El también es un factor muy valioso en la preparación matrimonial y en la consejería.

A través de su ministerio en cuestiones administrativas, litúrgicas, educacionales y pastorales, los diáconos desempeñan un ministerio vital, especialmente en áreas donde hay pocos sacerdotes y se necesitan más líderes laicos. Se espera que el trabajo del diácono va a ser más prominente y prevalente en la Iglesia del futuro.

## El Papel de las Mujeres
[369-373, 791, 814, 1934-1938]

A través de la historia de la Iglesia, las mujeres siempre han servido y participado en el ministerio. Los Evangelios y los Hechos de los Apóstoles ofrecen testimonio específico de la influencia de las mujeres y de su presencia. Antes del Vaticano II las mujeres, que estaban directamente involucradas en el ministerio en las escuelas, los hospitales, las parroquias, los orfelinatos y otras instituciones eran religiosas en su mayoría.

El Vaticano II discutió muy específicamente el papel de las mujeres en la *Iglesia en el Decreto sobre el apostolado de los seglares:* "Y como en nuestros días las mujeres tienen una participación cada vez mayor en toda la vida de la sociedad, es de gran importancia su participación, igualmente creciente, en los diversos campos del apostolado de la Iglesia" (9).

Aunque la participación de las mujeres en algunas áreas necesita ser más reconocida, en los últimos veinte años las mujeres han participado más en el ministerio pastoral. Las mujeres están cobrando más visibilidad en las celebraciones litúrgicas como lectoras, ministros eucarísticos y líderes de música.

Las mujeres siempre han estado a la vanguardia de la educación en la Iglesia. Mientras más mujeres participen en programas avanzados universitarios en el campo de la teología y el ministerio pastoral, las mismas pueden esperar más posiciones de liderazgo en la Iglesia. Más mujeres laicas ocupan posiciones académicas en universidades y seminarios y son directoras de educación religiosa y catequistas. Ellas ocupan puestos en oficinas diocesanas como directoras de las mismas, son vicarias de los religiosos, asistentes de obispos, abogadas canónicas, miembros de tribunales y ocupan también otras posiciones administrativas diocesanas.

En lugares donde hay pocos sacerdotes o donde los sacerdotes sólo pueden celebrar la liturgia de vez en cuando, las mujeres administran parroquias para que la presencia de Cristo sea estable.

Las mujeres también sirven como ministros pastorales, consejeras, capellanas de hospitales, directoras espirituales y en otros ministerios que no estuvieron muy al alcance del laicado antes del Vaticano II.

Mientras que la necesidad aumente y las mujeres se den cuenta de las oportunidades de compartir sus dones, podemos esperar ver un aumento en el liderazgo de las mujeres en el ministerio de la Iglesia en el futuro.

## 4. Vivimos Nuestra Fe a través de Compromisos de por Vida

[1877]

El catolicismo se vive a plenitud cuando la fe que profesamos en el culto continúa expresándose en las actividades de la vida diaria. Nuestras vidas, nuestras familias y nuestra fe por el bautismo son algunos de los dones que Dios nos ha dado. Además, Dios nos da un libre albedrío para que podamos escoger lo que queremos y hacer nuestras propias decisiones [1730-1748].

## El Compromiso de por Vida y la Vocación
### [2004]

Una de las opciones más responsables que podemos hacer es escoger nuestro estado de vida. Nuestro compromiso de por vida refleja nuestra relación con Dios porque servimos al Señor a través de nuestras vidas y vocaciones individuales.

Nuestra decisión de vivir un cierto estado de vida no le quita nada a nuestra responsabilidad de vivir una vida llena de fe. Sólo dirige nuestras acciones hacia las áreas donde podemos usar nuestros talentos y las oportunidades que encontramos. Sin importar el estado de vida que hemos escogido, somos responsables de contribuir para beneficio del mundo. El Vaticano II nos recuerda el llamado común que todos tenemos a la santidad: "Es pues, completamente claro que todos los fieles, de cualquier estado o condición, están llamados a la plenitud de la vida cristiana y a la perfección de la caridad, y esta santidad suscita un nivel de vida más humano incluso en la sociedad terrena" (*La Iglesia,* 40) [828, 1426, 2013, 2028].

Somos llamados por nuestro bautismo a vivir fielmente y a ser una luz para los demás. Somos luz, pero ¿dejamos que brille [1267-1270]?

## El Papel de los Laicos en el Trabajo
### [897-913]

El llamado a la santidad va más allá de nuestro compromiso privado y alianza con la Iglesia. Se extiende a todas las facetas de nuestra vida diaria. La religión verdadera es religión de 24 horas, algo que llega hasta donde trabajamos [1878-1885].

En vista al aumento de laicos en el ministerio, no podemos olvidar el papel básico que los mismos desempeñan: "Viven en el siglo, es decir, en todos y cada uno de los deberes y ocupaciones del mundo, y en las condiciones ordinarias de la vida familiar y social, con las que su existencia está como entretejida. Allí están llamados por Dios, para que, desempeñando su propia profesión guiados por el espíritu evangélico, contribuyan a la santificación del mundo..." (*La Iglesia,* 31). Por lo tanto, la tarea de los laicos es la de inspirar una bondad básica, siendo sal que sazona con valores cristianos y levadura de santidad [1905-1912].

Nosotros los católicos nos reunimos en la Misa los domingos para darle vida y energía a nuestra fe y partimos en muchas direcciones los lunes para ir a nuestros trabajos. Es en este "animar las cosas temporales desde adentro" que la liturgia llega a su plenitud [1166, 1167].

Los que trabajamos en este mundo marcado por el pecado y contaminado por el mal podemos inculcarle los valores del evangelio a ese mismo mundo. El Reino de Dios llega al mundo en hogares, oficinas, escuelas, tiendas, negocios y hospitales. Dondequiera que hay personas, hay misión. Y donde hay misión está la Iglesia. Los católicos necesitan practicar una prioridad de valores en sus vidas, para que todas las actividades diarias tanto del trabajo como del recreo, estén impregnados de bondad y verdad.

## La Vida Matrimonial
### [1601-1666]

A través de los siglos, el amor entre un hombre y una mujer ha sido considerado como algo sagrado y celebrado en rituales solemnes. Aquellos que optan por el matrimonio se comprometen no sólo uno a otro, sino también a Dios y por eso la Iglesia elevó el matrimonio a sacramento. A través de vidas de amor mutuo, los casados alcanzan la santidad y dan testimonio del amor de Cristo por la Iglesia [1601].

Una de las responsabilidades principales de los cónyuges es el proveer un ambiente de bondad en el hogar. También tienen la responsabilidad de criar a sus hijos con valores cristianos. Antes, los padres casi le dejaban toda la responsabilidad de la educación religiosa de sus hijos a las religiosas, a los sacerdotes o a los catequistas. Hoy día, los padres son los primeros y principales educadores en la fe de sus hijos y juegan un papel muy activo en su preparación sacramental [902, 1653-1658, 2204-2206].

Se ha probado que no importa cuánta educación los hijos reciban fuera del hogar, no va a servir para nada si los valores no se viven en el hogar. La crianza de los hijos en la fe es una de las responsabilidades más serias que tienen los padres. Los padres tienen que vivir su compromiso de una manera responsable, o sea, de acuerdo a una conciencia formada e informada [2221-2231].

El número de hijos que una pareja decide tener es una decisión personal. Sin embargo, el método de planificación familiar tiene que estar de acuerdo con las enseñanzas de la Iglesia [1652]. La Iglesia se mantiene firme en su enseñanza de que la vida es sagrada en todas sus etapas [2259-2283].

En el pasado, el ministerio de la Iglesia se había dirigido hacia una familia tradicional con un padre, una madre e hijos. Hoy día, sin embargo, tenemos que reconocer y aceptar otras situaciones menos tradicionales. La Iglesia necesita extender el cuidado pastoral y la comprensión hacia aquellas parejas que, por cualquier razón, no tienen hijos. Muchos padres y madres tratan de criar a sus hijos sin un compañero o compañera. Un cuidado pastoral sensible tiene que ser ofrecido cuando la familia "ideal" recibe cumplidos y la pareja sin hijos o las personas sin compañeros se sienten mal. No importa cuáles sean las circunstancias, cónyuges y padres viven su compromiso a medida que tratan de hacer a Cristo el centro de su hogar y tener valores forjados en él [2201-2206].

El compromiso matrimonial ha cambiado mucho en los últimos años. Tratando de aliviar el fracaso de los matrimonios debido a la incompatibilidad o la inmadurez, el Vaticano II ha autorizado que se establezcan programas de preparación matrimonial [1632].

## Los Separados y Divorciados
[1650, 2382-2386]

Después que una pareja se separa, a menudo se necesita un divorcio civil por razones legales. En sí, este divorcio civil no constituye un impedimento para los católicos recibir los sacramentos. Uno no puede recibir los sacramentos si se vuelve a casar cuando todavía existe la unión previa.

Si después de mucha investigación y discusión, se prueba que las personas no tenían la madurez suficiente o la responsabilidad moral y que una verdadera unión no existió nunca, el matrimonio recibe una *anulación*. Una anulación no es un divorcio.

Muchos factores contribuyen al aumento de los divorcios: nuestra sociedad móbil, menos unión en la familia y las presiones de la vida moderna. La Iglesia se da cuenta que el divorcio afecta a muchos católicos y ha aumentado su ministerio a los divorciados y separados. Una encuesta reciente demuestra que la mayoría de las diócesis han establecido un ministerio y un cuidado pastoral para los separados y divorciados.

Aunque la actitud de la sociedad hacia el divorcio ha cambiado, el trauma del divorcio es algo que causa mucha tensión. Es una crisis muy personal que afecta a aquellos que pasan por ella en lo más profundo de su ser. La Iglesia recibe el llamado de cuidar y preocuparse por estas personas. El ministerio más efectivo y poderoso se lleva a cabo cuando los mismos divorciados ayudan a otros que experimentan el mismo trauma. Aquellos que han pasado por lo mismo pueden comprender más y mejor. En muchas áreas hay grupos de apoyo de personas divorciadas que les ofrecen ayuda a otras personas divorciadas.

La Iglesia necesita aumentar el cuidado pastoral de los divorciados y aceptarlos en la comunidad de fe. Debido a su trauma y dolor, los divorciados y separados son una señal muy poderosa que la Iglesia que sufre necesita experimentar la compasión, sanación y comprensión de Cristo.

## Los Solteros
[2004, 2348, 2349]

Aunque muchas personas se casan, muchas personas viven su compromiso cristiano como solteros por opción propia o por alguna circunstancia. Aunque la Iglesia católica se está dando más cuenta de su responsabilidad de ofrecerles ministerio a las personas solteras, todavía hay mucho que hacer para que las mismas se sientan aceptadas por completo. La Iglesia necesita reconocer más claramente la validez de la vida de soltero o soltera en el mundo como un llamado que no es menos sagrado que el llamado al matrimonio, al sacerdocio o a la vida religiosa. La Iglesia también necesita ser más sensible cuando planea programas y celebraciones en las parroquias. Los mismos deben incluir a todos para que todos los miembros de la comunidad de fe, sin importar su estado de vida, puedan participar sin sentirse avergonzados o fuera de lugar.

## Los Viudos y Viudas
[2349]

Uno de los primeros ministerios de los primeros cristianos fue el cuidado de los viudos y viudas. Hoy día existe la misma necesidad. De hecho, debido a que vivimos más tiempo y otras condiciones sociales, hay un mayor número de viudos y viudas.

Cada parroquia y vecindario tiene sus viudos y viudas. La Iglesia necesita darse cuenta de su presencia y proveerles los medios para que puedan encontrar significado en sus vidas. La parroquia puede que tenga un programa establecido, pero la compasión y el apoyo humano para soportar el dolor de enviudar son maneras muy efectivas de responder al llamado de la Iglesia de cuidar a todos sus miembros [2443].

# 5. Respondemos en Fe a las Necesidades Sociales
[1928-1948]

Nuestra responsabilidad en la vida no es sólo el mejorar como personas. Como escribió John Donne, "Ningún hombre vive aislado". Debido a que el Reino de Dios es un reino de justicia, amor y paz, la misión de la Iglesia incluye la responsabilidad de humanizar totalmente el mundo. Como católicos necesitamos preocuparnos por hacer realidad la justicia y la paz de Cristo en este mundo. Nuestro compromiso cristiano nos llama a hacer el amor de Cristo más visible para todos. Si vamos a cumplir con nuestra responsabilidad moral, somos llamados a desarrollar una verdadera conciencia social. La moral consiste en algo más que el evitar acciones que son "pecados". Tenemos que tratar de eliminar el pecado en nosotros y en el mundo que nos rodea [1877-1879].

El sólo darnos cuenta de la presencia del mal en el mundo no es suficiente. En su epístola, Santiago nos advierte: "Si a un hermano o a una hermana les falta la ropa y el pan de cada día, y uno les dice: `Que les vaya bien; que no sientan frío ni hambre', sin darles lo que necesitan, ¿de qué les sirve? Así pasa con la fe si no se demuestra por la manera de actuar: está completamente muerta" (Santiago 2,15-17). Una fe viva exige acción a favor de los oprimidos, los pobres y los marginados [2443-2448].

El interés por los demás tiene que incluir esfuerzos continuos para eliminar el hambre, las enfermedades, la discriminación, la pobreza, la guerra y la injusticia dondequiera que existan. Somos llamados a participar activamente y a esforzarnos por alcanzar la solidaridad con aquellos que sufren, aquellos que necesitan la sanación, aquellos con los cuales podemos compartir nuestra abundancia. Tenemos que unirnos directamente a los pobres [1913-1917].

Las actividades de la vida cotidiana reflejan la obra creativa de Dios y comparten la acción redentora de la salvación del mundo. Las obras corporales de misericordia no son sólo obras de caridad que las organizaciones piadosas hacen. Más bien, estas obras se llevan a cabo a diario en nuestras vidas. Los granjeros, carniceros y bodegueros le dan de comer a los hambrientos; los que trabajan en la purificación del agua y los camareros le dan de beber a los sedientos; los que trabajan en las funerarias le dan sepultura a los muertos; los guardias, los consejeros y los compañeros de cárcel atienden a los presos; los obreros en el campo de la construcción, los carpinteros, los plomeros y los electricistas trabajan para darle albergue a los que no tienen; las costureras, los sastres y los dueños de tiendas de ropa visten a los desnudos. Pero para nosotros el reto es que tenemos que hacer todavía más; nuestro reto es ir aún más allá de nuestros propios problemas [2447].

Todos nosotros estamos llamados a saturar las estructuras de la sociedad con tanta bondad que la misma se oponga al mal. Si un mal se extiende y contamina todo a su alrededor, ¿no podemos como cristianos y como católicos invertir el proceso y ser el bien que afecta el mal?

La responsabilidad de infundir valores en la sociedad es mayormente de las personas laicas, quienes con un sentido cristiano de la vida influyen las leyes, las estructuras sociales y la comunidad cívica. Es un reto en un mundo donde el materialismo y las normas del éxito se oponen a los valores cristianos básicos [1929-1933].

El reto del cristiano es ser contracultural, ir en contra de las promesas falsas del mundo y luchar contra el mal y el pecado con la santidad y la bondad. Sin esta renovación y este perfeccionamiento del orden social, no se logrará la edificación del Cuerpo de Cristo [1905-1917, 1939-1942].

Hoy día nos enfrentamos a preocupaciones sociales que nunca habían existido antes. La medicina moderna puede hacer maravillas, pero nos mantenemos firmes en cuanto a oponemos a las alteraciones genéticas, y a sistemas de soporte de vida que interfieren con las leyes naturales [2292-2295].

La cuestión del aborto afecta todos los aspectos de la vida. Sus profundas implicaciones morales atormentan a los legisladores, a la profesión médica, al sistema educativo y a la misma base de la sociedad, la familia [2270-2275]. La Iglesia continúa afirmando y defendiendo que la vida es sagrada en todas sus etapas. Los católicos no sólo tienen que acatarse a las leyes naturales y de Dios, sino también defender una posición en cuanto a cuestiones morales relacionadas con el principio que la vida es sagrada en todas sus etapas [2258-2283, 2319, 2322].

Nuestra conciencia social también tiene que incluir la protección del mundo. "Sean fecundos y multiplíquense. Llenen la tierra y sométanla" es el mandato que el Génesis nos da [307, 373, 2427]. Hoy día esto significa que tratemos de mantener un ambiente sano evitando la contaminación, reciclando y usando los recursos naturales sin desperdiciarlos [2402, 2415, 2456].

El preocuparnos por el bien va más allá de nuestra nación y se extiende a la comunidad global para conseguir la justicia y una paz duradera para todo el mundo. Nuestra preocupación por la justicia no puede expresarse por medio de la violencia. Fieles a las bienaventuranzas, tenemos que tener hambre y sed de justicia, pero sin violencia, igual que Cristo. Un espíritu de paz debe darle vida a nuestras estructuras sociales y nuestras vidas [1938-1942, 2302-2306].

La falta de violencia crea un ambiente de verdadera libertad, donde todos pueden vivir en paz y compartir los bienes de la tierra. Para ayudar a que nuestros hermanos y hermanas desarrollen su potencial como Dios lo dispuso, y para hacer esto de una manera cristiana, tenemos que trabajar para crear paz en nuestro interior y en nuestras relaciones. La paz y la justicia serán realidades en el mundo sólo si eliminamos el sufrimiento, no si lo causamos. Una preocupación cristiana por todo esto anima a los sistemas de justicia a tratar de salvar a la humanidad de su propio egoísmo [2302-2317].

Una conciencia social desarrollada también hace todo lo que está a su alcance para apoyar aquellas organizaciones que trabajan por mejorar la condición humana. Esta conciencia social está informada y participa activamente en cuestiones sociales y políticas que afectan el bien común a nivel local, nacional y mundial [1905-1912].

En *Building the Earth*, Teilhard de Chardin ofrece el siguiente reto: "Lo que necesitamos es un amor apasionado por el desarrollo y por la vida. La vida camina hacia la unidad. Nuestra esperanza sólo se realizará si la expresamos con una unión mayor y una solidaridad humana. El futuro está en nuestras manos. ¿Qué decidiremos" [1939-1942, 1948]?

En la última charla del Concilio Vaticano Segundo, el Papa Pablo VI dijo que "la historia del buen samaritano es el modelo de la espiritualidad de la Iglesia de hoy". La renovación no tiene sentido a no ser que la Iglesia trate de servir a la humanidad que sufre y de eliminar los sufrimientos de esta vida. La norma fundamental de un católico auténtico se encuentra en la respuesta a esta pregunta "¿Cuán compasivo y generoso soy?" [2083, 2443, 2822]

# 6. Compartimos y Propagamos la Buena Nueva

Hay muchas maneras diferentes de compartir y propagar el Evangelio. La práctica de la evangelización y el uso correcto del RICA son dos ejemplos.

## La Evangelización
[904-913]

Nuestro compromiso básico bautismal nos llama a darle más visibilidad al Reino de Dios en este mundo. La evangelización nos llama a continuar la misión de Cristo: "Por eso, vayan y hagan que todos los pueblos sean mis discípulos. Bautícenlos,..." (Mateo 28,19) [849, 1257].

Aunque la evangelización es un tema que se repite en los Evangelios, en el mundo existen aspectos bastante nuevos para el pensamiento católico. Para evitar confusiones sería bueno que dijéramos lo que la evangelización no es. La evangelización no son tácticas de conversión tales como el imponerles nuestras creencias a otros. No significa que tratamos de convencer a otras personas que ya tienen un compromiso religioso a que acepten la fe católica. La visión de la evangelización abarca mucho más que sólo el esfuerzo de atraer a otros a la fe [850, 851].

En su encíclica sobre la evangelización, el Papa Pablo VI índica: "... la Iglesia evangeliza cuando, por la sola fuerza divina del Mensaje que proclama, trata de convertir...". Básicamente, evangelizar es proclamar la Buena Nueva y ser una señal más visible de la presencia de Dios en el mundo. Esencial a la evangelización es un cambio interior que afecta todos los otros valores. Las obras externas son productos de las actitudes interiores [2044-2047].

La labor de evangelización es el compartir la Buena Nueva con los que nunca la han oído, la renovación espiritual de los bautizados y la promoción de la unidad entre los cristianos [821, 905].

Los bautizados son llamados tanto a evangelizar como a ser evangelizados proclamando activamente el Evangelio y viviéndolo fielmente y con fe [[901-913].

¿Cómo evangelizan los católicos? Lo hacen al vivir de tal modo que sin importar lo que hacen, dónde están o a quiénes influyen, ellos propagan la bondad por el mundo. Cada vez que los católicos dan testimonio del amor de Dios y mejoran la condición humana, ellos evangelizan. Los católicos encarnan el mensaje de Cristo y proclaman la Buena Nueva con sus vidas. La evangelización no se limita a los ministerios formales como la catequesis, la enseñanza y el servir en la Iglesia [5-7, 910, 911].

Sin darte cuenta, puedes ser un buen evangelizador por tu ejemplo y tu presencia. También podemos decir lo mismo de los enfermos que dan testimonio del sufrimiento de Cristo al aceptar su sufrimiento con resignación. La evangelización tiene éxito más bien por el ejemplo y la motivación que por confrontaciones.

A veces es apropiado evangelizar activamente al tomar la iniciativa. Trata de comunicarte con los católicos que no practican su religión, invitándolos a que regresen al redil. Comparte tu fe con aquellos que piensas están en búsqueda de algo más en su vida [4-10].

Para hacer esto, necesitas sentirte cómodo con tus propias creencias y conocer tu fe. Muchos católicos hoy día se dan cuenta que la educación religiosa que terminó en la escuela primaria o secundaria no es suficiente para la época después del concilio. A través de programas de educación continua y al leer acerca del catolicismo puedes mantenerte informado para saber cómo los católicos hoy día pueden entender la fe y proclamar la Buena Nueva mucho mejor [5-7].

La evangelización es "edificar el Cuerpo de Cristo" de maneras positivas, invitar a otros a seguir a Cristo con un atractivo magnético y un testimonio del Evangelio [2472].

## RICA — El Rito de la Iniciación Cristiana de Adultos
### [1232, 1233, 1247-1249, 1285]

Una de las maneras más significantes en que los católicos hoy día pueden ser evangelizadores es unirse al RICA (El Rito de la Iniciación Cristiana de Adultos). Desde el 1988, el RICA ha sido la manera en que los adultos participan de una comunión total en la fe católica, ya vengan de otra denominación o por el bautismo. El RICA está diseñado para ser un proceso progresivo de fe y una experiencia periódica de conversión, no sólo para la persona, sino para toda la comunidad católica de fe.

La formación de los nuevos miembros es una responsabilidad comunal. Abarca cada fase de la vida parroquial: dar testimonio, orar juntos, estudiar las Escrituras, compartir las liturgias y la amistad. El RICA no es un programa parroquial ni algo que se estudia. El RICA es un llamado a la conversión. Es la evangelización en acción.

Aunque el propósito principal del RICA es la formación de nuevos católicos, una parroquia donde el RICA crece y se desarrolla experimenta otros beneficios también. Algunos de éstos son liturgias mejores, un espíritu comunitario mayor, más compromiso a nivel parroquial y una participación mayor y más activa en las actividades y celebraciones parroquiales. También habrá un mayor interés en la educación y la formación de adultos.

Los católicos en la parroquia se comprometen más específicamente en el RICA siendo "esponsores", trabajando en el equipo del RICA, compartiendo la fe personal y activamente buscando a aquellos quienes no tienen una comunidad de fe.

El RICA es un proceso gradual que contiene los elementos de una relación en desarrollo. Por medio de cuatro etapas específicas, los que están en esa búsqueda pasan de un conocimiento limitado a un compromiso total [1229-1232].

*Período de Evangelización y Precatecumenado.* Esta es la etapa para obtener más conocimientos. Los que piensan aceptar de lleno la fe católica —se les llama— tienen discusiones informales con católicos, hacen preguntas, se deshacen de ideas estereotipadas, de temores o ansiedades y comparten su fe personal.

*Período del Catecumenado.* Después que los han decidido convertirse en católicos, se celebra el rito de aceptación al Orden de los Catecúmenos. Durante este período, los catecúmenos pasan más de lleno a la formación de la fe. Esta etapa puede durar varios meses o varios años. Los catecúmenos van a la liturgia de la Palabra y participan más de lleno en la vida litúrgica de la Iglesia. Ellos reciben un "esponsor" que los acompaña en la jornada de fe y entabla una relación personal para que se sientan libres de hacer preguntas y compartir la jornada de fe.

*Período de Purificación e Instrucción.* Esta etapa de un compromiso más profundo casi siempre comienza el primer domingo de Cuaresma y se celebra en un rito formal en la catedral de la diócesis. Los catecúmenos escriben sus nombres en el libro de los elegidos. Las liturgias durante la Cuaresma se concentran en el perdón, por medio de escrutinios y los elegidos expresan que están listos. El ejemplo de los catecúmenos nos sirve como recordatorio de que constantemente necesitamos purificación y renovación espiritual [1438].

El punto culminante del catecumenado, la celebración más solemne del año eclesial, se lleva a cabo durante la Vigilia Pascual el sábado santo por la noche. Los catecúmenos reciben los sacramentos de iniciación — el Bautismo, la Confirmación y la Eucaristía— y ahora los nuevos católicos son considerados neófitos [1212, 1233].

*Período de Mistagogía.* Esta etapa después del Domingo de Resurrección contiene más instrucción y formación e integra al neófito más de lleno en la comunidad de fe. *Mistagogía* es una palabra griega que significa "ser iniciado en el misterio". Los nuevos católicos se familiarizan más de lleno con las cuestiones de la fe y con los variados ministerios de la parroquia [1075, 1233].

## La Influencia del RICA
### [1886-1896]

El entusiasmo de los nuevos católicos por la fe puede impulsar a los católicos de siempre a comprometerse más. Al desenvolverse, el proceso del RICA nos recuerda el reto y la responsabilidad de todos los católicos. El crecimiento espiritual y la madurez de una parroquia se pueden medir en parte por la manera en que entiende el por que del RICA.

El RICA le trae a los miembros de la parroquia un sentido más profundo de lo que significa la conversión y hace hincapié en la identidad de la Iglesia como comunidad de fe y pueblo de Dios. Cuando las cosas se hacen debidamente, el RICA se convierte en una señal muy poderosa de una Iglesia viva y de una comunidad de fe que entiende su misión de hacer realidad el Reino de Cristo en el mundo de una manera más intensa. Por lo tanto, el RICA puede ser el método más efectivo de evangelizar a nivel local.

# 7. Respetamos Otras Religiones
### [816, 830]

En esta época en que estamos más conscientes del mundo a nuestro alrededor, de la mezcla de las culturas y de los medios de comunicación social, el pluralismo religioso es algo obvio. El Vaticano II reconoció las variadas expresiones de las religiones en el mundo y habló acerca de esto en la *Declaración sobre las relaciones de la Iglesia con las religiones no cristianas*: "Los hombres esperan de las diversas religiones la respuesta a los enigmas recónditos de la condición humana.... La Iglesia católica nada rechaza de lo que en estas religiones hay de verdadero y santo" (1-2) [842-843].

Los católicos tienen que respetar, preservar y promover tanto el bien espiritual y moral que hay en todas las religiones como los valores en la sociedad y la cultura propia [2104].

En especial se menciona la deuda que tenemos con la fe judía. El Antiguo Testamento es la base y fundamento del cristianismo. Jesús fue un judío practicante y muchos ritos cristianos vienen de costumbres y tradiciones judías [574-594].

Aunque otras religiones han surgido de la búsqueda humana por Dios, el cristianismo es Dios que se convierte en humano. El Concilio presentó el concepto dinámico de lo que es "Iglesia" como un misterio divino, pero defendió la convicción que la revelación completa de Dios por medio de Jesús se encuentra en las enseñanzas y Tradiciones de la Iglesia católica bajo el liderazgo del papa. También reconoce que otros grupos cristianos contienen ciertos aspectos de la fe: "... si bien fuera de su [la Iglesia católica] estructura se encuentren muchos elementos de santidad y verdad..." (*La Iglesia*, 8) [816, 819, 830, 855, 856].

## Guías Prácticas para Entender Otras Religiones
[821, 855, 856]

El *Decreto sobre el ecumenismo* superó los obstáculos de las diferencias entre las religiones y propuso unas guías muy buenas para llegar al diálogo.

• Entender claramente y estar familiarizados con la propia fe. Aquellos que ofrecen culto de una manera diferente son sinceros cuando tratan de comunicarse con la Divinidad como mejor lo consideran y como creen que deben hacerlo [847, 2106].
• Estar dispuestos a aceptar la fe de otras personas de la mejor manera

posible. Mantenernos con una mente abierta y no juzgar los motivos ni las creencias de otros. Tratar de ver el valor en las creencias de otros, concentrándonos en lo que tenemos en común y no en las diferencias [1636].

- Desarrollar un respeto profundo por la variedad de maneras en que otros experimentan la Divinidad en sus vidas, dándonos cuenta de que las creencias religiosas de las personas son el resultado de su cultura y herencia personal [855, 856].

Los católicos hoy día tienen muchas oportunidades de dialogar y tratar de entender a las personas de otras religiones. Hoy día, el clima de mente abierta da mucha más libertad que antes para poder discutir las creencias religiosas con los demás y aprender cómo ellos se acercan a Dios [1636].

Es útil escuchar el consejo de Mahatma Gandhi: "Yo abro mis puertas y ventanas y dejo que todas las culturas y las religiones pasen con mucha libertad, pero me rehuso a dejar que ninguna me arrastre".

El llamado a estar abiertos a otras religiones es algo básico si vamos a vivir en paz y armonía con todos los demás. El padre Avery Dulles, S.J. resumió el espíritu ecuménico cuando dio una charla sobre la unidad eclesial: "Para ser verdaderamente católico, en el sentido literal de la palabra, tenemos que ser universales y abrir nuestra mente a toda la verdad y todo el bien sin importar de dónde vienen" [849-856].

## Una Guía de Acción para el Católico de Hoy

El católico de hoy, de acuerdo al espíritu del Vaticano II,

- se da cuenta de que Jesús es la clave y el centro del destino humano y que nuestro llamado es continuar su misión
- trata de ser un ser humano integro al trabajar por el bien moral en su vida personal y profesional y en su relación con Dios y con los demás
- es fiel a su compromiso bautismal al ser activo en una comunidad de fe, participando a menudo de los sacramentos y aceptando las verdades de la fe expresadas en el Credo

- desarrolla una relación personal e intensa con Dios por medio de Jesús al vivir una vida de oración y amor por la Biblia
- reconoce la presencia de Jesús, personificada en el Papa, los obispos, sacedotes y el pueblo de Dios
- vive completamente de acuerdo al espíritu de "¿Cuánto bien *puedo* hacer?", no sólo en una actitud de "¿Qué es lo que *tengo* que hacer?"
- contribuye a mejorar el mundo al vivir de acuerdo a su estado de vida y con una preocupación profunda por todos los demás
- comunica el mensaje de la Buena Nueva al vivir una vida llena de fe y de amor y al compartir sus talentos y dones para el bien del Reino de Dios
- posee un espíritu de mente abierta y de mucho amor hacia todas las personas de todas las religiones quienes tratan de vivir una vida espiritual
- trata de ser un instrumento de paz al trabajar por la justicia y el amor en toda situación

# Documentos de Vaticano II

## LA CONSTITUCION SOBRE LA SAGRADA LITURGIA
La liturgia es el punto central del culto comunitario y de la piedad; la renovación litúrgica y una participación más activa del laicado.

Primera Parte
508*766*771*824*971

Segunda Parte
1067*1068*1070-1072*1074-1076*1086*1088-1090*1100*1113*
1123*1140*1141*1143*1144*1156-1158*1163*1166*1167*1172-
1176*1181*1183*1193*1194*1203-1205*1232*1255*1298*
1323*1346*1373*1388*1398*1438*1482*1513*1514*1517*
1548*1552*1561*1570*1621*1667*1669*1670*1675*1684*1685

Tercera Parte
2132*2191*2503*2513

## EL DECRETO SOBRE LOS MEDIOS DE COMUNICACION SOCIAL
La responsabilidad y el reto de la prensa, el cine, la radio y la televisión. El uso de éstos para promover la fe y los valores.

Tercera Parte
2494*2495*2498

## LA CONSTITUCION DOGMATICA SOBRE LA IGLESIA

La Iglesia como pueblo de Dios; la restauración del diaconado permanente.

Primera Parte
87*90*92*93*165*337*375*488-490*492-494*499*501*506*
507*511*541-543*562*567*669-671*748*753-757*759*761-764*
766-769*771*773*775*776*781*782*784-786*788*790*791*
793*798*801*804*810*811*814-816*819*823-829*831-833*
835-839*841*843*844*846*847*853*860-862*870-872*874*
880-889*891-898*900*901*904*905*908*909*912-915*917*
932*933*938*943*951*954-960*963-972*1001*1013*1023*
1036*1042*1045*1050

Segunda Parte
1076*1090*1093*1119*1120*1141*1202*1249*1251*1257*
1260*1269*1270*1273*1281*1285*1303*1312*1324*1364*
1373*1405*1422*1426*1428*1440*1444*1462*1469*1499*
1522*1535*1538*1546-1549*1551*1552*1554-1562*1564*
1566*1567*1569-1571*1575*1576*1582*1588*1620*1621*
1641*1656*1657

Tercera Parte
1816*1888*1986*2003*2013*2028*2032*2034*2035*
2045*2068*2103*2132*
2204*2225*2226*2545

Cuarta Parte
2674*2679

## EL DECRETO SOBRE LAS IGLESIAS ORIENTALES CATOLICAS

Dirigido a las iglesias de ritos orientales; reconoce la diversidad en los ritos y anima a preservar las tradiciones.

Segunda Parte
1389


## EL DECRETO SOBRE EL ECUMENISMO

Anima la unidad cristiana; respeta las creencias de los demás;propone guías para la cooperación entre las religiones.

Primera Parte
90*94*812*813*815-822*824*827*838*855*925

Segunda Parte
1126*1202*1271*1399*1400

Cuarta Parte
2791


## EL DECRETO SOBRE EL OFICIO PASTORAL DE LOS OBISPOS

La colegialidad de los obispos es compartir autoridad con el Papa; un llamado a los obispos a tener sínodos.

Primera Parte
833*882*886*927*937

Segunda Parte
1548*1558*1560*1569*1586

## EL DECRETO SOBRE LA ADECUADA RENOVACION DE LA VIDA RELIGIOSA

Un llamado a la renovación y un reto a los religiosos a vivir de acuerdo a los valores del Evangelio.

Primera Parte
915*916*918*929

Segunda Parte
1620

Cuarta Parte
2684*2691


## EL DECRETO SOBRE LA FORMACION SACERDOTAL

La formación sacerdotal y la formación continua; un llamado a la evaluación del currículo de los seminarios.

Segunda Parte
1565*1620


## LA DECLARACION SOBRE LA EDUCACION CRISTIANA DE LA JUVENTUD

El valor de la educación; los padres tienen la reponsabilidad principal de entrenar a sus hijos en cuanto a la moral.

Segunda Parte
1653

Tercera Parte
2221*2229

## LA DECLARACION SOBRE LAS RELACIONES DE LA IGLESIA CON LAS RELIGIONES NO CRISTIANAS

Ve lo sagrado en las religiones no cristianas como una manera válida de unión con la Divinidad; respeta el judaísmo, especialmente por ser la fuente del cristianismo; condena el antisemitismo.

Primera Parte
360*597*839*841-843

Tercera Parte
2104

Cuarta Parte
2793

## LA CONSTITUCION DOGMATICA SOBRE LA DIVINA REVELACION

Las Escrituras y la Tradición son las fuentes principales de la Revelación; la primacía de la Palabra de Dios en el Antiguo y el Nuevo Testamento.

Primera Parte
36*38*51*53-55*62*64*66*74-82*84-86*94*95*97*98*101*103-107*109-111*119-122*124-126*129*131-133*135*136*141-143*153*158*337*573*889*891

Segunda Parte
1094*1103*1124*1346

Tercera Parte
1814

Cuarta Parte
2587*2650*2651*2653*2663

## EL DECRETO SOBRE EL APOSTOLADO DE LOS SEGLARES

El llamado a la santidad es para todos. El apostolado de los seglares en la Iglesia; traer el Evangelio al mundo.

Primera Parte
798*851*863*864*873*905*940
Segunda Parte
1570

Tercera Parte
2044*2105*2446

Cuarta Parte
2832


## LA DECLARACION SOBRE LA LIBERTAD RELIGIOSA

La consciencia es la norma básica de la moral; la dignidad y los derechos de la persona humana; condena todo tipo de discriminación
.

Primera Parte
160

Segunda Parte
1180

Tercera Parte
1738*1782*1785*1816*2036*2104-2109*2137*2467


## EL DECRETO SOBRE LA ACTIVIDAD MISIONERA DE LA IGLESIA

Todos comparten el trabajo misionero de la Iglesia; la evangelización es más efectiva por el ejemplo que por el uso de tácticas directas

Primera Parte
248\*257\*294\*763\*767\*776\*804\*830\*848-850\*852-854\*856\*857\*868\*877\*905\*927

Segunda Parte
1233\*1248\*1249\*1257\*1260\*1270\*1344\*1560\*1570\*1571

Tercera Parte
2472

## EL DECRETO SOBRE EL MINISTERIO Y VIDA DE LOS PRESBITEROS

Los sacerdotes están llamados a integrar su vida con el trabajo y la espiritualidad; la dimensión pastoral de la vida sacerdotal.

Primera Parte
888

Segunda Parte
1102\*1122\*1141\*1142\*1175\*1181\*1324\*1369\*1392\*1464 \*1466\*1548\*1562\*1563\*1565\*1566\*1568\*1579\*1580\*1582

Cuarta Parte
2686

## LA CONSTITUCION PASTORAL SOBRE LA IGLESIA EN EL MUNDO ACTUAL

La Iglesia y el mundo en una relación mutua; la dignidad de todas las personas; el matrimonio y la familia, la cultura, la sociedad, la economía, la política y la paz.